《蔡博士精典财税系列》

MODEL-TRANSFER AND PRACTICAL APPLICATION OF VALUE-ADDED TAX

蔡 昌 编著

# 增值税转型与纳税操作实务

《蔡博士精典财税系列》

MODEL-TRANSFER AND PRACTICAL APPLICATION OF VALUE-ADDED TAX

蔡　昌　编著

# 增值税转型与纳税操作实务

中国财政经济出版社

**图书在版编目（CIP）数据**

增值税转型与纳税操作实务/蔡昌编著．—北京：中国财政经济出版社，2009．2

（蔡博士精典财税系列）

ISBN 978－7－5095－1216－6

Ⅰ．增…　Ⅱ．蔡…　Ⅲ．增值税－税收管理－中国　Ⅳ．F812.424

中国版本图书馆 CIP 数据核字（2009）第 005595 号

责任编辑：樊清玉　　责任校对：张全录
封面设计：郁　佳　　版式设计：兰　波

中国财政经济出版社 出版

**URL**：http：//ckfz.cfeph.cn

E－mail：ckfz @ cfeph.cn



社址：北京市海淀区阜成路甲 28 号　邮政编码：100142

发行处电话：88190406　财经书店电话：64033436

北京富生印刷厂印刷　各地新华书店经销

787×960 毫米　16 开　11.5 印张　183 000 字

2009 年 2 月第 1 版　2009 年 5 月北京第 2 次印刷

印数：4 061—9 070　定价：28.00 元

ISBN 978－7－5095－1216－6/F·1030

（图书出现印装问题，本社负责调换）

本社质量投诉电话：010－88190744

# 前 言

增值税（Value－added tax，VAT）的概念最早是在1917年由美国耶鲁大学的托马斯·亚当斯（T·Adams）提出的，时称营业毛利税。1921年德国企业家西蒙斯（Sicmens）在《改进的增值税》中正式使用增值税的名称并完整阐释其税制原理，但当时并未引起政府当局的关注。直到1954年，法国财政部官员莫里斯·洛雷推动法国政府率先采用增值税并取得成功，增值税才正式登上历史舞台，并在很短的时间内以其独有的魅力和优势风靡全球。目前，世界上已有120多个国家和地区实行增值税。增值税不仅成为构成各国流转税的主体税种，而且在大多数发展中国家也成为财政收入的主要来源。

中国从1979年开始，选择了机器机械和农业机具两个行业及部分日用机械产品在部分城市进行增值税试点。自1983年起，对机器机械及其零配件、农业机具及其零配件以及缝纫机、自行车、电风扇3种产品，在全国范围内统一试行增值税。1984年10月，全国人大常委会授权国务院发布《中华人民共和国增值税条例（草案）》，标志着增值税制度在中国正式确立。1993年12月13日国务院颁布《中华人民共和国增值税暂行条例》，1993年12月25日财政部颁发《中华人民共和国增值税暂行条例实施细则》，增值税正式成为中国经济生活中的重要税种。2008年11月5日国务院对原《中华人民共和国增值税暂行条例》进行修订，并于2008年12月15日由财政部、国家税务总局颁布修订的《中华人民共和国增值税暂行条例实施细则》，自2009年1月1日起在全国执行。从增值税在中国的发展和演变来看，增值税为中国财政收入立下了汗马功劳。自1994年以来，增值税一直在财政收入中占据主导地位，成为名副其实的中国第一大税。

从理论上讲，增值税的征收对象是商品和劳务的增值额，但在税收征管实践中，各国对可以扣除的外购项目存在很大差异，主要表现为对外购固定资产增值税是否允许抵扣的处理方式不同。据此，可以将增值税划分为生产型增值税、收入型增值税和消费型增值税三种基本类型。

生产型增值税，在计税时不允许扣除外购固定资产价值中所包含的增值额，从宏观视角观察，增值税的增值额相当于工资、利息、租金、利润和折旧额之和，大体等同于国内生产总值（GDP）的计算口径，故称之为“生产型增值税”。

收入型增值税，在征收增值税时允许扣除外购固定资产价值中所包含的增值额，但不允许在固定资产购入时一次性扣除，只允许按照固定资产的损耗程度扣除当期计提折旧部分所包含的增值额。对全社会而言，增值额相当于社会总产品中的国民收入（V+M），故称之为“收入型增值税”。

消费型增值税，在计税时允许一次性扣除当期外购固定资产价值中所包含的全部增值额，纳税人用于应税增值税产品和劳务的全部外购项目的价值都可以彻底抵扣。对全社会而言，增值额相当于当期国民消费总额，故称之为“消费型增值税”。

消费型增值税有利于调动企业的生产积极性，彻底消除固定资产重复征税带来的各种弊端，进一步推动设备更新和技术革新。在经济越发达、资本有机构成和资本密集型程度越高的国家和地区，增值税拉动经济增长的效果越显著。消费型增值税作为一种先进、规范的增值税类型，最适宜采用发票抵扣制，它代表着增值税制度发展的世界潮流和方向。由于近期席卷全球的金融危机对世界经济造成重大不良影响，中国经济也不可避免地卷入其中，许多企业都面临资金紧张、成本高涨，利润率下滑的不利局面。在这种情况下，国务院通过了增值税转型改革的决议，在东北老工业基地、中部六省等地区实行增值税试点的基础上，自2009年1月1日起全面推行消费型增值税，这一重大举措将对中国经济和企业发展产生深远影响。笔者曾多次撰文谈到增值税转型问题，并以“石破天惊”形容这一次增值税转型的重大变革。增值税转型会对社会造成什么影响？消费型增值税到底会给企业带来什么？如何抓住增值税转型的历史性机遇？面对这些疑问和难题，笔者带领税务专业研究生对这一系列问题进行了深入探讨，本书就是增值税转型政策研究的阶段性成果。

本书在写作过程中，注重理论与实务的结合，在阐释相关理论的同时，更多的是研究企业增值税转型及纳税操作实务。本书从增值税的纳税技巧、增值税的会计处理、增值税的纳税筹划、如何抓住增值税转型的历史性机遇等角度全面讲解最新增值税制度，为纳税人掌握和运用最新政策提供指南。本书的特色是简明扼要，案例丰富，有较强的实务指导性。本书的读者对象是企业总裁、财务总监、会计人员、税务干部、会计师事务所和税务师事务所从业人员等。限于时间和笔者学识水平，书中不足之处在所难免，请各界朋友批评指正，不吝赐教。

蔡　昌

2009 年 1 月于中央财经大学

# 目　　录

# 第一章　中国增值税转型

## 一、增值税转型改革及其政策影响

增值税作为流转税的一种，理论上是对企业新创造的增值部分征税，而不对购进的价值征税，中国 2009 年之前实行的生产型增值税，则不允许抵扣购进固定资产的增值税而造成重复征税，增值税转型就是把生产型增值税转变为消费型增值税。

（一）增值税转型改革的基本内容

自 2009 年 1 月 1 日起，在维持现行增值税税率不变的前提下，允许全国范围内（不分地区和行业）的所有增值税一般纳税人抵扣其新购进设备所含的进项税额，未抵扣完的进项税额结转下期继续抵扣。为预防出现税收漏洞，将与企业技术更新无关，且容易混为个人消费的应征消费税的小汽车、摩托车和游艇排除在上述设备范围之外。同时，作为转型改革的配套措施，将相应取消进口设备增值税免税政策和外商投资企业采购国产设备增值税退税政策，将小规模纳税人征收率统一调低至 3%，将矿产品增值税税率恢复到 17%。

全国范围的增值税转型改革与东北老工业基地、中部六省、内蒙古和四川汶川的转型试点相比，转型改革更为彻底，主要体现在以下三个方面：一是企业新购进设备所含进项税额不再采取退税办法，而是采取规范的抵扣办法，企业购进设备和购进原材料一样，直接抵扣其进项税额；二是转型改革在全国所有地区和所有行业推开，取消了地区和行业限制；三是为了保证增值税转型改革对扩大内需的积极效用，转型后企业抵扣设备进项税额时不再实行增量抵扣，而是实行彻底的全额抵扣。

（二）增值税转型改革的政策影响

增值税转型改革，允许企业抵扣其购进设备所含的增值税，将彻底消除生产型增值税产生的重复征税现象，降低企业设备投资的税收负担。据统计，截至2007年底，东北和中部转型试点地区新增设备进项税额总计244亿元，累计抵减欠缴增值税额和退还增值税额高达186亿元。

2009年在全国推开的增值税转型改革，将启动新一轮的中国经济增长，在全社会鼓励投资和扩大内需，促进产业结构调整和经济增长方式的转变。增值税转型无疑是一项拉动宏观经济增长的重大减税政策。据测算，此项改革财政预计2009年将减少增值税收入1200亿元，减少城市维护建设税收入60亿元，教育费附加收入36亿元，增加企业所得税63亿元，增减相抵后将减轻企业税负1233亿元。这是我国历史上单项税制改革减税力度最大的一次，这一政策的出台对我国经济的持续、平稳、较快发展产生积极的影响。

## 二、增值税转型改革的经济效应分析

### （一）增值税转型凸显减税效应

将增值税转型放到税制改革和宏观调控的大背景下分析，增值税转型会在短期内大大减少财政收入。增值税转型是国家实施减税战略的措施之一，其目的是通过税收杠杆调节宏观经济。而直接享受减税利益的是纳税人，增值税转型直接推动企业技术变革、设备更新，进一步激活企业创新力。

1. 一般纳税人享受减税优惠

消费型增值税转型改革的受益对象主要是增值税一般纳税人，由于固定资产购进增值税允许抵扣而使一般纳税人的税收负担显著下降。现行增值税征税范围中的固定资产主要是机器、机械、运输工具以及其他与生产经营有关的设备、工具、器具，因此，增值税转型后对生产型企业影响最大。

2. 小规模纳税人适度减税

规模小、财务核算不健全的小规模纳税人（包括个体工商户），按照销售额和征收率计算缴纳增值税且不抵扣进项税额，其税收负担不会因增值税转型而降低。为了平衡小规模纳税人与一般纳税人的税负水平，促进中小企业摆脱经济困境，对小规模纳税人不再区分工业（现行征收率为6%）和商业（现行征收率为4%）设置两档征收率，将征收率统一降低至3%，按照销售额统一征收，类似于对小规模纳税人仅征收3%的营业税一样。这将大大减轻中小企业的税收负担，鼓励和扶持中小企业的发展。

（二）增值税转型的行业效应分析

1. 转型试点八大行业继续受益

2004年7月1日，我国率先在东北三省的装备制造业、石油化工业、冶金业、船舶制造业、汽车制造业、农产品加工业、军品工业、高新技术产业等八大行业实施扩大增值税抵扣范围试点改革；2007年7月1日，试点范围扩大到中部六省26个老工业基地城市的装备制造业、石油化工业、冶金业、汽车制造业、农产品加工业、电力业、采掘业、高新技术产业等八大行业。上述行业都涉及大量工具、器具和设备等固定资产投资，因此，增值税转型会继续促进这些行业的技术改造和设备更新，带动这些行业内的企业更快更好地发展。

2. 增值税转型的行业影响性分析

(1) 从整体来看，增值税转型最大的受益行业是装备业和设备制造业，其受益程度取决于下游行业的设备投资力度。因为增值税转型刺激更多的企业更新生产设备，从而会优先带动装备业、设备制造业的发展。

(2) 增值税转型使大量采购设备、固定资产投入比例高的行业受益，其中固定资产耗损越快、折旧年数越短的行业，增值税转型的获益也越大。因此，增值税转型对资本密集型企业和部分技术密集型企业来说，由于这些企业所拥有的资产中固定资产比重较大，相对于加工企业和劳动密集型企业而言，增值税转型对它们降低税收负担更为有利。

(3) 生产型出口企业受益不大，因为出口产品尤其是装备制造业产品目前享受出口退税，其增值税负担本来就很轻，所以这些企业受增值税转型的影响不大。比如，船舶制造企业、集装箱出口企业的出口额占总销售收入比重很大，因此，它们从增值税转型中获益较少。

(4) 建筑安装业、金融业以及交通运输业等行业由于目前并没有实行增值税，因而增值税转型对这些行业内的企业几乎没有什么影响，这些行业还普遍存在重复征税现象。

(5) 由于增值税转型把房屋、建筑物等不动产以及容易混为个人消费的小汽车、摩托车和游艇等资产排除在增值税抵扣范围之外，因此对未来购入车辆和不动产较多的企业来说，并不能从增值税转型中受益。

综合上述分析，笔者认为对实行增值税核算，且新购置设备较多的行业，增值税转型政策影响较大。因此，对各个行业的工具、器具、设备的未来需求进行预测发现，在增值税转型后，受益最大的是橡胶制品业、印刷业、采掘业、木材加工及其制品业、金属制品业、食品制造业、纺织业、家具业、电力、热力、煤气及水的生产和供应业、非金属矿物制品业等行业。

## 三、增值税转型对企业财务的影响

（一）增值税转型影响企业盈利水平

增值税转型将减少企业税收支出，直接增加盈利水平。增值税转型在宏观经济繁荣时，企业受益幅度较低；而在经济衰退时，如果机器设备投资较大则企业增益较明显。

增值税转型作为强大的政策推动力能够直接减少企业的增值税支出，直接增加盈利水平；同时，由于增值税转型会降低新增固定资产每期提取的折旧额及管理费用，虽然造成企业所得税有所增加，但企业净收益和税后利润率水平明显提高。因此，增值税转型不仅减轻了增值税负担，而且对企业经营收益影响是直接的和重大的，宏观经济政策对企业收益产生如此明显影响是非常难得的。

（二）增值税转型降低资产价值，增强市场竞争力

实行不同类型的增值税，对资产负债表的影响也不同。实行生产型增值税，由于购进固定资产的进项税额不能抵扣而只能计入“固定资产原值”，导致资产价值增加。相应地，由于进项税额不能抵扣，导致企业应缴纳的增值税额明显增加。而实行消费型增值税后，固定资产投资当年，新增固定资产取得的进项税额一次性全额抵扣，增值税额明显降低；同时，固定资产的入账价值因不再包含进项税额而相对明显降低，从而导致企业计提折旧减少，推动企业盈利水平提升。因此，增值税转型不仅有利于企业增强市场竞争力，还能够帮助企业保持一种稳健的财务结构。

（三）增值税转型提升设备购置当年的现金流量

实行消费型增值税后固定资产投资的当年，由于企业可以少缴增值税，经营现金流量由于增值税支付的大幅减少而有所上升；但以后各年的现金流量不再受增值税转型的直接影响。同时，投资当年经营现金流量除了受增值税抵扣的影响而大幅度上升外，还有可能由于新增固定资产的作用而使净经营现金流

量有所增加，但当年投资固定资产对于现金支出的影响一般会高于新增固定资产使净经营现金流量有所增加的影响，融资现金流量中的利息支付也会有所上升，以后各年的现金流量变化，取决于新增固定资产对经营现金流量的增加额与利息支付及债务偿还所支出的融资现金流量之差。

## 四、增值税转型的财务对策分析

增值税转型是国家实施减税政策的重要举措之一，企业应抓住这次历史性机遇，充分享受增值税转型带来的税收优惠。

（一）采购固定资产应尽量获取增值税专用发票

增值税转型会对企业投资产生正效应，使企业存在扩大设备投资的政策激励，从而对企业收益产生影响。但需要注意的是，对除房屋、建筑物、土地等不动产以外的购进（包括接受捐赠和实物投资）固定资产、用于自制（含改扩建、安装）固定资产的购进货物或增值税应税劳务必须取得增值税专用发票，才能享受增值税抵扣政策。如果购进时不能分清固定资产用途的，也应取得增值税专用发票，待明确购进固定资产的用途后，再最终决定增值税进项税额的抵扣与否。

（二）采购固定资产必须选择供货商的纳税人身份

一般纳税人在采购固定资产时，必须在不同纳税人身份的供货商之间作出抉择。供货商有两种纳税人身份——一般纳税人或者小规模纳税人。假定购进固定资产的含税价款为S，供货商若为一般纳税人，其适用的增值税税率为$T_1$，若供货商为小规模纳税人（能到税务机关代开增值税专用发票），其增值税征收率为$T_2$。则从一般纳税人供货商和小规模纳税人供货商处购进固定资产时，可抵扣的增值税进项税额分别为：$ST_1/(1+T_1)$与$ST_2/(1+T_2)$。

1. 若一般纳税人增值税税率$T_1$取值17%，小规模纳税人增值税征收率$T_2$取值3%时，则有：

17%/（1+17%）>3%/（1+3%），则一般纳税人企业从一般纳税人供货商处采购能获得更多的进项税额抵扣；

2. 若一般纳税人增值税税率$T_1$取值13%，$T_2$取值3%时，则有：

13%/（1+13%）>3%/（1+3%），则一般纳税人企业从一般纳税人供

货商处采购固定资产能获得更多的可抵扣的进项税额。

（三）采购固定资产抵扣增值税时机的选择

当企业购买固定资产时，必须考虑固定资产的购进时机。一般来说，企业在出现大量增值税销项税额时购入固定资产最为适宜，这样在固定资产购进过程中就可以实现进项税额的全额抵扣。否则，若购进固定资产的进项税额大于该时期的销项税额，则购进固定资产时就会出现一部分进项税额不能实现抵扣，从而降低增值税抵扣的力度。因此，增值税转型后，企业必须对固定资产投资作出财务预算，合理规划投资活动的现金流量、分期分批进行固定资产更新，以实现固定资产投资规模、速度与企业财税目标的相互配合。

# 第二章　增值税政策解读与操作指南

## 一、征税范围与纳税义务人

（一）征税范围

增值税是对在中华人民共和国境内销售货物或者提供加工、修理修配劳务，以及进口货物的单位和个人，就其取得的货物或应税劳务的销售额，以及进口货物的金额计算税款，并实行税款抵扣制的一种流转税。

这里所说的货物，是指有形动产，包括电力、热力、气体在内。

这里所说的加工，是指受托加工货物，即委托方提供原料及主要材料，受托方按照委托方的要求，制造货物并收取加工费的业务。

这里所说的修理修配，是指受托对损伤和丧失功能的货物进行修复，使其恢复原状和功能的业务。

1. 属于征税范围的特殊项目

（1）货物期货（包括商品期货和贵金属期货），应当征收增值税，在期货的实物交割环节纳税；

（2）银行销售金银的业务，应当征收增值税；

（3）典当业的死当物品销售业务和寄售业代委托人销售寄售物品的业务，以及免税商店零售的免税品，均应征收增值税，即按简易办法依照4%的征收率计算缴纳增值税；

（4）集邮商品（如邮票、首日封、邮折等）的生产以及邮政部门以外的其他单位和个人销售的，均征收增值税。

2. 属于征税范围的特殊行为

（1）视同销售货物行为。单位或个体工商户的下列行为是视同销售货物：

①将商品交付单位或个人代销；

②销售代销货物；

③设有两个以上机构并实行统一核算的纳税人，将货物从一个机构移送至其他机构用于销售，但相关机构设在同一县（市）的除外；

④将自产或者委托加工的货物用于非增值税应税项目；

⑤将自产、委托加工的货物用于集体福利或者个人消费；

⑥将自产、委托加工或者购进的货物作为投资，提供给其他单位或者个体工商户；

⑦将自产、委托加工或者购进的货物分配给股东或者投资者；

⑧将自产、委托加工或者购进的货物无偿赠送其他单位或者个人。

上述八种视同销售货物行为均要征收增值税。此规定一方面保证增值税税款抵扣制度的实施，不致因发生上述行为而造成税款抵扣环节的中断；另一方面，避免因发生上述行为而造成货物销售税收负担不平衡的矛盾，防止利用以上行为逃避纳税。

（2）混合销售行为。一项销售行为如果既涉及到货物又涉及非增值税应税劳务，为混合销售行为。

从事货物的生产、批发或零售的企业、企业性单位和个体工商户的混合销售行为，视为销售货物，应当缴纳增值税。

其他单位和个人的混合销售行为，视同销售非增值税应税劳务，不缴纳增值税。所谓非增值税应税劳务是指属于应缴营业税的交通运输业、建筑业、金融保险业、邮电通信业、文化体育业、娱乐业、服务业税目征收范围的劳务。

纳税人销售自产货物并同时提供建筑业劳务的混合销售行为，应当分别核算货物的销售额和非增值税应税劳务的营业额，并根据其销售货物的销售额计算缴纳增值税，非增值税应税劳务的营业额不缴纳增值税；未分别核算的，由主管税务机关核定其货物的销售额。

**［案例2－1］** 某电冰箱厂向某商场批发200台电冰箱，为了保证及时供货，双方议定由该厂动用自己的卡车向商场运送电冰箱。电冰箱厂除收取货款外还收取运输费。在此次销售活动中，就发生了销售货物和不属于增值税应税劳务（属于营业税规定的运输业务）的混合销售行为。由于电冰箱厂属于生产型企业，其发生的混合销售行为都视为销售货物，取得的货款和运输费一并作为货物销售额，按电冰箱适用的17%税率征收增值税。

（3）兼营非增值税应税项目。兼营非增值税应税项目是指增值税纳税人在

从事应税货物销售或提供应税劳务的同时，还从事非增值税应税项目（即营业税规定的各项劳务等），且从事的非增值税应税项目与某一项销售货物或提供应税劳务并无直接的联系和从属关系。增值税纳税人兼营非增值税应税项目的，应分别核算货物或者应税劳务的销售额和非增值税应税项目的营业额；未分别核算的，由主管税务机关核定货物或者应税劳务的销售额。

**［案例 2－2］** 某建筑装饰材料商店，一方面销售货物，另一方面又对外承揽属于应纳营业税的安装业务。根据增值税政策的规定，纳税人兼营非应税劳务的，应分别核算货物或应税劳务和非应税劳务的销售额，若该建筑装饰材料商店分别核算，则对货物销售额按 17% 征收增值税，对安装业务按 3% 的税率征收营业税。若未分别核算则按 17% 的税率一并对营业额征收增值税。

3. 增值税免税项目

（1）农业生产者销售的自产农产品；（2）避孕药品和用具；（3）古旧图书；（4）直接用于科学研究、科学试验和教学的进口仪器、设备；（5）外国政府、国际组织无偿援助的进口物资和设备；（6）由残疾人组织直接进口供残疾人专用的物品；（7）个人销售的自己使用过的物品。

4. 其他减免税的有关规定

（1）除经中国人民银行和对外经济贸易合作部（现为商务部）批准经营融资租赁业务的单位所从事的融资租赁业务外，其他单位从事的融资租赁业务，租赁的货物的所有权转让给承租方征收增值税，租赁的货物的所有权未转让给承租方，不征收增值税。

（2）自 2009 年 1 月 1 日起，对销售下列自产货物实行免征增值税政策：

①再生水。再生水是指对污水处理厂出水、工业排水（矿井水）、生活污水、垃圾处理厂渗透（滤）液等水源进行回收，经适当处理后达到一定水质标准，并在一定范围内重复利用的水资源。

②以废旧轮胎为全部生产原料生产的胶粉。胶粉应当符合规定的性能指标。

③翻新轮胎。翻新轮胎应当符合规定的性能指标，并且翻新轮胎的胎体 100% 来自废旧轮胎。

④生产原料中掺兑废渣比例不低于 30% 的特定建材产品。

（3）对污水处理劳务免征增值税。

(4) 自2009年1月1日起，对销售下列自产货物实行增值税即征即退的政策：

①以工业废气为原料生产的高纯度二氧化碳产品。

②以垃圾为燃料生产的电力或者热力。垃圾用量占发电燃料的比重不低于80%。所称垃圾，是指城市生活垃圾、农作物秸杆、树皮废渣、污泥、医疗垃圾。

③以煤炭开采过程中伴生的舍弃物油母页岩为原料生产的页岩油。

④以废旧沥青混凝土为原料生产的再生沥青混凝土。废旧沥青混凝土用量占生产原料的比重不低于30%。

⑤采用旋窑法工艺生产并且生产原料中掺兑废渣比例不低于30%的水泥(包括水泥熟料)。

(5) 自2009年1月1日起，销售下列自产货物实现的增值税实行即征即退50%的政策：

①以退役军用发射药为原料生产的涂料硝化棉粉。退役军用发射药在生产原料中的比重不低于90%。

②对燃煤发电厂及各类工业企业产生的烟气、高硫天然气进行脱硫生产的副产品。

③以废弃酒糟和酿酒底锅水为原料生产的蒸汽、活性炭、白碳黑、乳酸、乳酸钙、沼气。废弃酒糟和酿酒底锅水在生产原料中所占的比重不低于80%。

④以煤矸石、煤泥、石煤、油母页岩为燃料生产的电力和热力。煤矸石、煤泥、石煤、油母页岩用量占发电燃料的比重不低于60%。

⑤利用风力产生的电力。

⑥部分新型墙体材料产品。

(6) 对销售自产的综合利用生物柴油实行增值税先征后退政策。综合利用生物柴油，是指以废弃的动物油和植物油为原料生产的柴油。废弃的动物油和植物油用量占生产原料的比重不低于70%。

(7) 自2001年12月1日起，对增值税一般纳税人生产的黏土实心砖、瓦一律按适用税率征收增值税，不得采取简易办法征收增值税。自2008年7月1日起，以立窑法工艺生产的水泥（包括水泥熟料），一律不得享受增值税即征即退政策。

(8) 转让企业全部产权涉及的应税货物的转让，不属于增值税的征税范围，不征收增值税。

(9) 黄金生产和经营单位销售黄金（不包括以下品种：成色为AU9999、AU9995、AU999、AU995。规格为50克、100克、1千克、3千克、12.5千克的黄金，以下简称标准黄金）和黄金矿砂（含伴生金），免征增值税；进口黄金（含标准黄金）和黄金矿砂免征进口环节增值税。

黄金交易所会员单位通过黄金交易所销售标准黄金（持有黄金交易所开具的《黄金交易结算凭证》）未发生实物交割的，免征增值税；发生实物交割的由税务机关按照实际成交价格代开增值税专用发票，并实行增值税即征即退的政策。纳税人不通过黄金交易所销售的标准黄金不享受增值税即征即退政策。

(10) 根据《关于再生资源增值税政策的通知》的规定，自2009年1月1日起取消“废旧物资回收经营单位销售其收购的废旧物资免征增值税”的政策，还取消“生产企业增值税一般纳税人购入废旧物资回收经营单位销售的废旧物资，可按废旧物资回收经营单位开具的由税务机关监制的普通发票上注明的金额，按10%计算抵扣进项税额”的政策。

对满足一定条件的废旧物资回收企业按其销售再生资源实现的增值税的一定比例实行增值税先征后退政策，2009年按70%的比例退回给纳税人，2010年按50%的比例退回给纳税人。但个人（不含个体工商户）销售自己使用过的废旧物品免征增值税。

(11) 对从事热力、电力、燃气、自来水等公用事业的增值税纳税人收取的一次性费用，凡与货物的销售数量有直接关系的，征收增值税；凡与货物的销售数量无直接关系的，不征收增值税。

(12) 纳税人代有关行政管理部门收取的费用，凡同时符合以下条件的，不属于价外费用，不征收增值税：

①经国务院、国务院有关部门或省级政府批准；

②开具经财政部门批准使用的行政事业收费专用票据；

③所收款项全额上缴财政或虽不上缴财政但由政府部门监管，专款专用。

(13) 纳税人销售货物的同时代办保险而向购买方收取的保险费，以及从事汽车销售的纳税人向购买方收取的代购买方缴纳的车辆购置税、牌照费，不作为价外费用征收增值税。

(14) 纳税人销售软件产品并随同销售一并收取的软件安装费、维护费、培训费等收入，应按照增值税混合销售的有关规定征收增值税，并可享受软件产品增值税即征即退政策。

对软件产品交付使用后，按期或按次收取的维护费、技术服务费、培训费等不征收增值税。

纳税人受托开发软件产品，著作权属于受托方的征收增值税，著作权属于委托方或属于双方共同拥有的不征收增值税。

(15) 印刷企业接受出版单位委托自行购买纸张，印刷有统一刊号（CN）以及采用国际标准书号编序的图书、报纸和杂志，按货物销售征收增值税。

(16) 对增值税纳税人收取的会员费收入不征收增值税。

(17) 按债转股企业与金融资产管理公司签订的债转股协议，债转股原企业将货物资产作为投资提供给债转股新公司的，免征增值税。

(18) 各燃油电厂从政府财政专户取得的发电补贴不属于增值税规定的价外费用，不计入应税销售额，不征收增值税。

（二）纳税义务人与扣缴义务人

1. 单位

一切从事销售或者进口货物、提供应税劳务的单位都是增值税纳税义务人。包括企业、行政单位、事业单位、军事单位、社会团体及其他单位。

2. 个人

凡从事货物销售或进口、提供应税劳务的个人都是增值税纳税义务人。包括个体工商户和其他个人。

3. 承租人和承包人

单位租赁或承包给其他单位或个人经营的，以承租人或者承包人为纳税义务人。

4. 扣缴义务人

境外的单位或个人在境内销售应税劳务而在境内未设有经营机构的，其应纳税款以代理人为扣缴义务人；没有代理人的，以购买者为扣缴义务人。

## 二、一般纳税人和小规模纳税人的比较

本次增值税改革对小规模纳税人的认定标准重新进行了界定，由于一般纳税人和小规模纳税人适用的税率不同、税收征收方式不同，因此增值税纳税人身份的确定对企业纳税的影响较大。

由于增值税实行凭增值税专用发票抵扣税款的制度，因此要求增值税纳税人会计核算健全，并能够准确核算销项税额、进项税额和应纳税额。目前我国纳税人的会计核算水平参差不齐，加上某些经营规模小的纳税人因其销售货物或提供应税劳务的对象多是最终消费者而无须开具增值税专用发票，为了严格增值税的征收管理，将纳税人按其经营规模大小及会计核算健全与否划分为一般纳税人和小规模纳税人。

（一）小规模纳税人的认定及管理

1. 小规模纳税人的认定标准

小规模纳税人是指年销售额在规定标准以下，并且会计核算不健全，不能按规定报送有关税务资料的增值税纳税人。所称会计核算不健全是指不能正确核算增值税的销项税额、进项税额和应纳税额。

根据新修订的增值税暂行条例相关规定，小规模纳税人的认定标准为：(1) 从事货物生产或提供应税劳务的纳税人，以及以从事货物生产或提供应税劳务为主，并兼营货物批发或零售的纳税人，年应税销售额在 50 万元以下（含本数）的；(2) 从事货物批发或零售的纳税人，年应税销售额在 80 万元以下的。

年应税销售额超过小规模纳税人标准的其他个人按小规模纳税人纳税，非企业性单位、不经常发生应税行为的企业可选择按小规模纳税人纳税。

2. 小规模纳税人的管理

小规模纳税人实行简易征税办法，并且一般不使用增值税专用发票，但基于增值税征收管理中一般纳税人与小规模纳税人之间客观存在的经济往来的实情，国家税务总局根据授权专门制定《增值税小规模纳税人征收管理办法》，该管理办法规定：

(1) 基层税务机关要加强对规模生产企业财会人员的培训，帮助建立会计账簿，只要小规模企业有会计，有账册，能够正确计算进项税额、销项税额和应纳税额，并能按规定报送有关税务资料，年应税销售额不低于30万元的，可以认定为增值税一般纳税人。

(2) 对没有条件设置专职会计人员的小规模企业在纳税人自愿并配有本单位兼职会计人员的前提下，可采取以下措施，使兼职人员尽快独立工作，进行会计核算：由税务机关帮助小规模企业从税务咨询公司、会计师事务所等聘请会计人员建账、核算；由税务机关组织从事过财会业务，有一定工作经验，遵纪守法的离、退休会计人员，帮助小规模企业建账、核算；在职会计人员经所在单位同意，主管税务机关批准，也可以到小规模企业兼任会计。

(3) 小规模企业可以单独聘请会计人员，也可以几个企业联合聘请会计人员。

另外，凡年应税销售额在50万元以下的小规模商业企业、企业性单位，以及以从事货物批发或零售为主，并兼营货物生产或提供应税劳务的企业、企业性单位，无论财务核算是否健全，一律不得认定为增值税一般纳税人。

(二) 一般纳税人的认定及管理

1. 一般纳税人的认定标准

一般纳税人是指年应征增值税销售额超过增值税暂行条例实施细则规定的小规模纳税人标准的企业和企业性单位。

下列纳税人不属于一般纳税人：

(1) 年应税销售额未超过小规模纳税人标准的企业。

(2) 个人（除个体工商户以外的其他个人)。

(3) 非企业性单位。

(4) 不经常发生增值税应税行为的企业。

2. 一般纳税人的认定办法

增值税一般纳税人须向税务机关办理认定手续，以取得法定资格。具体规定如下：

(1) 凡增值税一般纳税人，均应向其企业所在地主管税务机关申请办理一般纳税人认定手续。一般纳税人总分支机构不在同一县（市）的，应分别向其机构所在地主管税务机关申请办理一般纳税人认定手续。

(2) 企业申请办理一般纳税人认定手续，应提出申请报告，并提供下列有

关证件、资料：营业执照；有关合同、章程、协议书；银行账号证明；税务机关要求提供的其他有关证件、资料。

(3) 主管税务机关在初步审核企业的申请报告和有关资料后，发给《增值税一般纳税人申请认定表》，企业应如实填写该表（一式两份），并将填报的该表经审批后一份交基层征收机关，一份退企业留存。

(4) 对于企业填报的《增值税一般纳税人申请认定表》，负责审批的县级以上税务机关应在收到之日起 30 日内审核完毕。符合一般纳税人条件的，在其《税务登记证》副本首页上方加盖“增值税一般纳税人”确认专章，作为领购增值税专用发票的证件。

(5) 新开业的符合一般纳税人条件的企业，应在办理税务登记的同时申请税务资料的，停止其抵扣进项税额，取消其专用发票使用权；对某些年销售额在一般纳税人规定标准以下的，如限期还不纠正，则取消其一般纳税人资格，按小规模纳税人的征税规定征税。

3. 一般纳税人年审和临时一般纳税人转为一般纳税人的认定

为加强增值税一般纳税人的管理，在一般纳税人年审和临时一般纳税人转为一般纳税人过程中，对已使用增值税防伪税控系统但年应税销售额未达到规定标准的一般纳税人，如会计核算健全，且未有下列情形之一者，不取消其一般纳税人资格。

(1) 虚开增值税专用发票或者有偷、骗、抗税行为；

(2) 连续 3 个月未申报或者连续 6 个月纳税申报异常且无正当理由；

(3) 不按规定保管、使用增值税专用发票、税控装置，造成严重后果。

上述一般纳税人在年审后的一个年度内，领购增值税专用发票应限定为千元版（最高开票限额 1 万元），个别确有需要经严格审核可领购万元版（最高开票限额 10 万元）的增值税专用发票，月领购增值税专用发票份数不得超过 25 份。

纳税人一经认定为增值税一般纳税人，不得再转为小规模纳税人。

（三）新办商贸企业增值税一般纳税人的认定及管理

根据国税发明电［2004］37 号文件的规定，为了更好地打击和防范虚开发票和骗抵税款的犯罪活动，国家税务总局对新办商贸企业一般纳税人的认定、增值税的征收与管理作了如下规定，并从 2004 年 8 月 1 日起实施。

1. 新办商贸企业一般纳税人的分类管理

（1）对新办小型商贸企业改变以前按照预计年销售额认定增值税一般纳税人的办法。新办小型商贸企业必须自税务登记之日起，一年内实际销售额达到180万元①，方可申请一般纳税人资格认定。新办小型商贸企业在认定为一般纳税人之前一律按照小规模纳税人管理。

一年内销售额达到180② 万元以后，税务机关对企业申报材料以及实际经营、申报缴税情况进行审核评估，确认无误后方可认定为一般纳税人，并相继实行纳税辅导期管理制度。辅导期结束后，经主管税务机关审核同意可转为正式一般纳税人，按照正常的一般纳税人管理。

（2）对设有固定经营场所和拥有货物实物的新办商贸零售企业以及注册资金在500万元以上、人员在50人以上的新办大中型商贸企业在进行税务登记时，即提出一般纳税人资格认定申请的可认定为一般纳税人。直接进入辅导期，实行辅导期一般纳税人管理。辅导期结束后，经主管税务机关审核同意可转为正式一般纳税人，按照正常的一般纳税人管理。对经营规模较大、拥有固定的经营场所、固定的货物购销渠道、完善的管理和核算体系的大中型商贸企业，可不实行辅导期一般纳税人管理，而直接按照正常的一般纳税人管理。

2. 新办商贸企业一般纳税人资格认定的审批管理

对申请一般纳税人资格认定的新办商贸企业，主管税务机关应严格按照一般纳税人认定标准、程序对申请资料进行审核。要与有关人员进行约谈并且派专人（两人以上）实地查验。未经实地查验或查验情况与申请资料不符的，不得认定为一般纳税人。

（1）案头审核。对商贸企业一般纳税人资格认定申请全部资料进行认真审核，审核其资料是否齐全准确。

（2）约谈。约谈的根本目的是通过与约谈对象的直接交流了解印证纳税人的相关情况，以确认其是否为正常经营户。与企业法定代表人约谈，应着重了解企业登记注册情况、企业章程、组织结构、决策的程序、管理层的情况、经

① 自2009年1月1日起，按新修订的增值税暂行条例规定，销售额达到80万元，可申请一般纳税人资格认定。

② 同①。

营范围及经营状况等企业的整体情况。与企业出资人约谈，应着重了解出资人与企业经营管理方面的关系。与主管财务人员约谈，应着重了解企业的银行账户情况、企业注册资金及经营资金情况、销售收入情况、财务会计核算情况、纳税申报和实际缴税情况。与销售、采购、仓储运输等相关业务主管人员约谈，了解企业购销业务的真实度。对于约谈的内容，要做好记录；并有参与约谈的人员签字。

(3) 实地查验。实地查验是印证评估疑点和约谈内容的重要过程。实地查验时需两名（或两名以上）税务人员同时到场。

查验内容包括营业执照和税务登记证、企业经营场所的所有权或租赁证明、原材料和商品的出入库单据、运费凭据、水电等费用凭据、法定代表人和主要管理人员身份证明、财务人员的资格证明、银行存款证明、有关机构的验资报告、购销合同原件及公证资料、资金往来账等。在实地查验中，要认真核实区分商业零售企业、大中型商贸企业、小型商贸企业和生产企业，除按照上述查验内容全面核查外，对生产企业要特别检查有无生产厂房、设备等必备的生产条件；对商贸零售企业要特别检查有无固定经营场所和拥有货物实物；对大中型商贸企业要特别核实注册资金、银行存款证明、银行账户及企业人数。

3. 转为正常一般纳税人的审批

纳税辅导期达到6个月后主管税务机关应对商贸企业进行全面审查，对同时符合以下条件的，可认定为正式一般纳税人：纳税评估的结论正常；约谈、实地查验的结果正常；企业申报、缴纳税款正常；企业能够准确核算进项、销项税额，并正确取得和开具专用发票和其他合法的进项税额抵扣凭证。

## 三、税率与征收率的相关政策

本次增值税改革对税率也进行了较大的调整，把原小规模纳税人分为商业企业和非商业企业，把分别适用4%和6%的征收率统一为3%，并且把金属矿采选产品、非金属矿采选产品增值税税率由13%调整为17%，其具体政策分述如下。

(一) 基本税率

我国增值税采取基本税率再加一档低税率的模式。增值税一般纳税人销售或者进口货物，提供加工、修理修配劳务，除低税率适用范围和销售个别旧货适用征收率外，税率一律为17%，这就是通常所说的基本税率。

（二）低税率

增值税一般纳税人销售或者进口下列货物，按低税率计征增值税，低税率为13%。

1. 粮食、食用植物油、鲜奶；

2. 暖气、冷气、热水、煤气、石油液化气、天然气、沼气、居民用煤炭制品；

3. 图书、报纸、杂志；

4. 饲料、化肥、农药、农机（不包括农机零部件）、农膜；

5. 国务院规定的其他货物。

这里需要说明的是，原增值税实施条例规定的金属矿采选产品、非金属矿采选产品增值税税率由13%调整为17%；自2009年1月1日起，对纯氯化钠、泥煤等82种矿产品的进口环节增值税率由13%提高到17%；自2008年7月1日起，二甲醚按13%的增值税税率征收；自2008年12月8日起挂面按粮食复制品适用13%的增值税率。

（三）征收率

考虑到小规模纳税人经营规模小，且会计核算不健全，难以按上述两档税率计税和使用增值税专用发票抵扣进项税款，因此实行按销售额与征收率计算应纳税额的简易办法，征收率统一调整为3%。

**[案例2-3]** 某商贸企业为小规模纳税人，2009年1月的销售收入为10万元，则该商贸企业应缴纳的增值税为：10×3%=0.3（万元）

## 四、增值税应纳税额的计算

（一）一般纳税人应纳税额的计算

增值税一般纳税人当期的应纳税额等于当期销项税额减当期进项税额。增值税一般纳税人当期应纳税额的多少，取决于当期销项税额和当期进项税额这两个因素。因此在计算应纳税额时应分别确定其销项税额和进项税额。

1. 销项税额的计算

销项税额是指纳税人销售货物或者提供应税劳务，按照销售额或应税劳务收入和适用的税率计算并向购买方收取的增值税税额。销项税额的计算公式为：

销项税额 = 销售额 × 适用税率

销项税额的计算取决于销售额和适用税率这两个因素。适用税率在前面已有说明，此处主要介绍销售额。需要强调的是增值税是价外税，公式中的“销售额”必须是不包括收取的销项税额的销售额。

正确计算应纳增值税额，首先需要准确核算作为增值税计税依据的销售额。销售额是指纳税人销售货物或者提供应税劳务向购买方收取的全部价款和价外费用，但不包括收取的销项税额。

价外费用（实属价外收入）包括价外向购买方收取的手续费、补贴、基金、集资费、返还利润、奖励费、违约金、滞纳金、延期付款利息、赔偿金、代收款项、代垫款项、包装费、包装物租金、储备费、优质费、运输装卸费以及其他各种性质的价外收费。但下列项目不包括在内：

（1）受托加工应征消费税的消费品所代收代缴的消费税。

（2）同时符合以下条件的代垫运输费用：承运部门的运输费用发票开具给购买方的；纳税人将该项发票转交给购买方的。

（3）同时符合以下条件代为收取的政府性基金或者行政事业性收费：由国务院或者财政部批准设立的政府性基金，由国务院或者省级人民政府及其财政、价格主管部门批准设立的行政事业性收费；收取时开具省级以上财政部门印制的财政票据；所收款项全额上缴财政。

（4）销售货物的同时代办保险等而向购买方收取的保险费，以及向购买方收取的代购买方缴纳的车辆购置税、车辆牌照费。

凡随同销售货物或提供应税劳务向购买方收取的价外费用，无论其会计制度如何核算，均应并入销售额计算应纳税额。

税法规定各种性质的价外费用都要并入销售额计算征税，目的是防止企业以各种名目的收费减少销售额逃避纳税。但是应当注意，对增值税一般纳税人（包括纳税人自己或代其他部门）向购买方收取的价外费用和逾期包装物押金，应视为含税收入，在征税时换算成不含税收入再并入销售额。

纳税人销售货物或者应税劳务的价格明显偏低并无正当理由的，由主管税务机关核定其销售额。当价格明显偏低并无正当理由或者存在视同销售货物行为而无销售额者，按下列顺序确定销售额：

第一，按纳税人最近时期同类货物的平均销售价格确定；

第二，按其他纳税人最近时期同类货物的平均销售价格确定；

第三，按组成计税价格确定。组成计税价格的公式为：

组成计税价格 = 成本 × （1 + 成本利润率）

属于应征消费税的货物，其组成计税价格中应加计消费税额。

公式中的成本，是指销售自产货物的为实际生产成本，销售外购货物的为实际采购成本。公式中的成本利润率由国家税务总局确定。

2. 含税销售额的换算

为了符合增值税作为价外税的要求，纳税人在填写进销货及纳税凭证、进行账务处理时，应分项记录不含税销售额、销项税额和进项税额，以正确计算应纳增值税额。然而，在实际工作中，常常会出现一般纳税人将销售货物或者应税劳务采用销售额和增值税额合并定价收取的方法。这样，就会形成含税销售额。在计算应纳税额时，如果不将含税销售额换算为不含税销售额，就会导致增值税计税环节出现重复征税现象。因此，一般纳税人销售货物或者应税劳务取得的含税销售额在计算销项税额时必须将其换算为不含税销售额。

将含税销售额换算为不含税销售额的计算公式为：

不含税销售额 = 含税销售额 ÷ （1 + 税率）

3. 特殊销售方式下销售额的确定

在销售活动中，纳税人为提高销售量，往往会采取多种销售方式。由于销售方式的不同，纳税人的销售额也会有所不同。税法对以下几种销售方式作出具体规定：

（1）采取折扣方式销售货物。在经济活动中，纳税人采取的折扣方式一般有折扣销售、销售折扣和销售折让三种形式，不同折扣方式下其计税销售额也有所差别：

①折扣销售又称为商业折扣，是指销货方在销售货物或应税劳务时，因购货方购货数量较大等原因而给予购货方的价格优惠。例如，销货方规定，若购买甲商品 50 件以上，则按规定价格折扣 10%；购买 100 件以上，则按规定价格折扣 20%。此种情况下，销货方的折扣行为和销售行为是同时发生的，因

此，税法规定，若销售额和折扣额在同一张发票上分别注明的，可按折扣后的余额作为销售额计算增值税；若将折扣额另开发票，不论其在账务上如何处理，均不得从销售额中减除。

②销售折扣又称为现金折扣，是指销货方为了鼓励购货方尽快支付货款而协议许诺给予的一种折扣优惠。例如，购货方若在10天内付款，货款可折扣3%；若在20天内付款，货款可折扣2%；30天内则需付全款。由于销售折扣发生在销售货物之后，其实质是一种融资性质的理财费用，因此，销售折扣不能从销售额中扣除。

③销售折让是指货物售出之后因其品种、质量等原因，购货方要求销货方给予一定的价格让利。销售折让实际上是由于货物品种、质量等不符合要求而造成的销售额的减少，因此，销货方应以减除销售折让后的销售额作为计税销售额。

（2）采取以旧换新方式销售货物。以旧换新方式是指销货方在销售货物时，有偿收回同类旧货的行为。税法规定，采用以旧换新方式销售货物的，应按新货物的同期销售价格确定计税销售额，不得扣减旧货物的收购额。但是金银首饰以旧换新的业务，可按销售方实际收取的不含增值税的全部价款征收增值税。

（3）采取以物易物方式销售货物。以物易物是指购销双方不是以货币进行结算，而是以同等价款的货物进行交换以实现货物购销的一种方式。虽然这种方式没有直接涉及货币收支，但其本质属于一种购销行为。因此，以物易物的双方都应分别作购买和销售处理，以各自发出的货物核算销售额并计算销项税额，以各自收到的货物按规定核算购货额并计算进项税额。

（4）采取还本销售方式销售货物。还本销售是指将货物销售出去之后，到约定的期限再由销货方一次或分次将货款部分或全部退还给购货方的销售方式。这种方式本质上是以提供货物换取还本不付息的一种融资行为。税法规定，其销售额就是货物的销售价格，不得从销售额中扣除还本支出。

4. 进项税额的计算

纳税人购进货物或者接受应税劳务所支付或者负担的增值税额为进项税额。进项税额是与销项税额相对应的一个概念。在开具增值税专用发票的情况下，它们之间的对应关系是销售方收取的销项税额，就是购买方支付的进项税额。对于任何一个一般纳税人而言，由于其在经营活动中既会发生销售货物或提供应税劳务，又会发生购进货物或接受应税劳务，因此，每一个一般纳税人都会有收取的销项税额和支付的进项税额。

增值税的核心就是用纳税人收取的销项税额抵扣其支付的进项税额，其余额为纳税人实际应缴纳的增值税额。这样，进项税额作为可抵扣的部分，对纳税人实际税负产生举足轻重的作用。需要注意的是，并不是纳税人支付的所有进项税额都可以从销项税额中抵扣。当纳税人购进的货物或接受的应税劳务不是用于增值税应税项目，而是用于增值税非应税项目、免税项目或用于集体福利、个人消费等情况时，其支付的进项税额就不能从销项税额中抵扣。税法对不能抵扣进项税额的项目作了严格规定，如果违反税法规定，随意抵扣进项税额将以偷税论处。因此，严格把握哪些进项税额可以抵扣，哪些进项税额不能抵扣是十分重要的，这些方面也是纳税人在增值税纳税实务中出现差错最多的地方。尤其是2009年1月1日开始实行的新增值税暂行条例，在全国范围内推行消费型增值税，扩大企业进项税额的抵扣范围。因此，准确把握进项税额的抵扣范围和相关要求，能够降低企业生产经营环节的税务风险。

（1）准予从销项税额中抵扣的进项税额

根据税法规定，准予从销项税额中抵扣的进项税额，限于下列增值税扣税凭证上注明的增值税税额和按规定的扣除率计算的进项税额。

①从销售方取得的增值税专用发票上注明的增值税额。

②从海关取得的海关进口增值税专用缴款书上注明的增值税额。

纳税人进口货物，凡已缴纳了进口环节增值税的，不论其是否已经支付货款，其取得的海关完税凭证均可作为增值税进项税额抵扣凭证，在《国家税务总局关于加强海关进口增值税专用缴款书和废旧物资发票管理有关问题的通知》（国税函［2004］128号）中规定的期限内申报抵扣进项税额。

对纳税人丢失的海关完税凭证，纳税人应当凭海关出具的相关证明，向主管税务机关提出抵扣申请。主管税务机关受理申请后，应当进行审核，并将纳税人提供的海关完税凭证电子数据纳入稽核系统比对，稽核比对无误后，可予以抵扣进项税额。

上述规定说明，纳税人在进行增值税处理时，每抵扣一笔进项税额，就要有一份记录该进项税额的法定扣税凭证与之相对应；没有从销售方或海关取得

注明增值税税额的法定扣税凭证，就不能抵扣进项税额。

③增值税一般纳税人购进农业生产者销售的农业产品，或者向小规模纳税人购买的农产品，按照支付给农业生产者的价款和按规定代收代缴的农业特产税作为买价，并按买价13%的扣除率计算进项税额，从当期销项税额中扣除。其进项税额的计算公式为：

准予抵扣的进项税额＝买价×扣除率

由于取消了农业税，因此现行的农业特产税即为烟叶税，则买价为发票注明的价款和烟叶税之和。

④增值税一般纳税人购进或者销售货物以及再生产经营过程中支付的运输费用，按照运费费用结算单据上注明的运输费用金额的7%的扣除率计算进项税额，并允许其从当期销项税额中抵扣。这里所说的运输费用，是指运输费用结算单据上注明的运输费用（包括铁路临管线及铁路专线运输费用）、建设基金，不包括装卸费、保险费等其他杂费，即随同运费支付的装卸费、保险费等其他杂费不得计算扣除进项税额。

准予抵扣的进项税额＝运费×扣除率

⑤自2004年12月1日起，增值税一般纳税人购置税控收款机所支付的增值税税额（以购进税控收款机取得的增值税专用发票上注明的增值税税额为准），准予在该企业当期的增值税销项税额中抵扣。

增值税一般纳税人用于采集增值税专用发票抵扣联信息的扫描器具和计算机，属于防伪税控通用设备。可以按照《国务院办公厅转发国家税务总局关于全面推广应用增值税防伪税控系统意见的通知》（国办发［2000］12号）和《国家税务总局关于推行增值税防伪税控系统若干问题的通知》（国税发［2000］183号）的规定，对纳税人购置上述设备发生的费用，准予在当期计算缴纳所得税前一次性列支；同时可按购置上述设备取得的增值税专用发票所注明的增值税税额，计入当期增值税进项税额。

（2）不得从销项税额中抵扣的进项税额

修订后的《中华人民共和国增值税暂行条例》规定，下列项目的进项税额不得从销项税额中抵扣：

①用于非增值税应税项目、免征增值税项目、集体福利或者个人消费的购进货物或者应税劳务；

购进货物，不包括既用于增值税应税项目（不含免征增值税项目）也用于非增值税应税项目、免征增值税（以下简称免税）项目、集体福利或者个人消费的固定资产。

这里所说的固定资产，是指使用期限超过12个月的机器、机械、运输工具以及其他与生产经营有关的设备、工具、器具等。

个人消费包括纳税人的交际应酬消费。

所谓非增值税应税项目，是指提供非增值税应税劳务、转让无形资产、销售不动产和不动产在建工程。此处的不动产是指不能移动或者移动后会引起性质、形状改变的财产，包括建筑物、构筑物和其他土地附着物。

纳税人新建、改建、扩建、修缮、装饰不动产，均属于不动产在建工程。

②非正常损失的购进货物及相关的应税劳务。所谓的非正常损失，是指因管理不善造成被盗、丢失、霉烂变质的损失。提醒读者注意的是，自然灾害和非可抗力因素所造成的损失不再作为非正常损失。

③非正常损失的在产品、产成品所耗用的购进货物或者应税劳务。

④国务院财政、税务主管部门规定的纳税人自用消费品。

纳税人自用的应征消费税的摩托车、汽车、游艇，其进项税额不得从销项税额中抵扣。

⑤第①项至第④项规定的货物的运输费用和销售免税货物的运输费用。

⑥纳税人购进货物或者应税劳务，未按照规定取得并保存增值税扣税凭证，或者增值税扣税凭证上未按照规定注明增值税额及其他有关事项的，其进项税额不得从销项税额中抵扣。

5. 应纳税额的计算

**[案例2-4]** 某生产企业为增值税一般纳税人，2009年2月发生下列业务，计算其应纳增值税额：

(1) 销售甲产品给某大商场，开具增值税专用发票，取得不含税销售额80万元；另外，开具普通发票，取得销售甲产品的送货运输费收入5.85万元。

(2) 销售乙产品，开具普通发票，取得含税销售额29.25万元。

(3) 将试制的一批应税新产品用于本企业基建工程，成本价为20万元，成本利润率为10%，该新产品无同类产品市场销售价格。

(4) 购进货物取得增值税专用发票，注明支付的货款60万元、进项税额10.2万元；另外支付购货的运输费用6万元，取得运输公司开具的普通发票。

(5) 向农业生产者购进免税农产品一批，支付收购价30万元，支付给运输单位的运费5万元，取得相关的合法票据。本月下旬将购进的农产品的20%用于本企业职工福利（以上相关票据均符合税法的规定）。

根据上述资料计算增值税额如下：

(1) 销项税额 = 80 × 17% + 5.85 ÷ （1 + 17%） × 17% = 14.45（万元）

(2) 销项税额 = 29.25 ÷ （1 + 17%） × 17% = 4.25（万元）

(3) 销项税额 = 20 × （1 + 10%） × 17% = 3.74（万元）

(4) 进项税额 = 10.2 + 6 × 7% = 10.62（万元）

(5) 进项税额 = （30 × 13% + 5 × 7%） × （1 − 20%） = 3.4（万元）

则该企业2009年2月份应缴纳的增值税额为：

14.45 + 4.25 + 3.74 − 10.62 − 3.4 = 8.42（万元）

**[案例2－5]** 某进出口公司当月进口办公设备500台，每台进口完税价格1万元，委托运输公司将进口办公用品从海关运回本单位，支付运输公司运输费用9万元，取得了运输公司开具的普通发票。当月以每台1.8万元的含税价格售出400台，为全国运动会捐赠2台。另支付销货运输费1.3万元（有运输发票）。计算该企业当月应纳增值税（假设进口关税税率为15%）。

根据上述资料，应纳增值税额计算如下：

(1) 进口货物进口环节应纳增值税

= 1 × （1 + 15%） × 500 × 17% = 97.75（万元）

(2) 当月销项税额

= （400 + 2） × ［1.8 ÷ （1 + 17%）］ × 17% = 105.1385（万元）

(3) 当月进项税额 = 97.75 + 9 × 7% + 1.3 × 7% − 94.471（万元）

(4) 当月应纳增值税 = 105.1385 − 94.471 = 10.6675（万元）

（二）小规模纳税人应纳税额的计算

1. 应纳税额的计算公式

小规模纳税人销售货物或者应税劳务，按照销售额和3%的征收率计算应纳税额，不得抵扣进项税额。应纳税额计算公式为：

应纳税额 = 销售额 × 征收率

这里需要说明的是：第一，小规模纳税人取得的销售额与一般纳税人的销售额所包含的内容是一致的。都是销售货物或提供应税劳务向购买方收取的全部价款和价外费用，但是不包括按3%的征收率收取的增值税税额；第二，小规模纳税人不得抵扣进项税额，这是因为小规模纳税人会计核算不健全，不能准确核算销项税额和进项税额，不实行按销项税额抵扣进项税额求得应纳税额的税款抵扣制度，而实行简易计税办法。

值得注意的是，小规模纳税人（除其他个人外）销售自己使用过的固定资产，减按2%征收率征收增值税；小规模纳税人销售自己使用过的除固定资产以外的物品，应按3%的征收率征收增值税。

2. 起征点

对于个人来说，在计算应纳税额时还需要考虑起征点，增值税起征点的幅度规定如下：

（1）销售货物的，为月销售额2000~5000元；

（2）销售应税劳务的，为月销售额1500~3000元；

（3）按次纳税的，为每次（日）销售额150~200元。

省、自治区、直辖市财政厅（局）和税务局应在规定的幅度内，根据实际情况确定本地区适用的起征点，并报财政部、国家税务总局备案。

3. 含税销售额的换算

由于小规模纳税人在销售货物或应税劳务时，只能开具普通发票，取得的销售收入均为含税销售额。为了符合增值税作为价外税的要求，小规模纳税人在计算应纳税额时，必须将含税销售额换算为不含税的销售额后才能计算应纳税额。小规模纳税人不含税销售额的换算公式为：

不含税销售额＝含税销售额÷（1＋征收率）

**［案例2－6］** 某商店为增值税小规模纳税人，2009年2月取得零售收入总额12.36万元。计算该商店2月应缴纳的增值税额。

2月取得的不含税销售额为：

12.36÷（1＋3%）＝12（万元）

8月应缴纳增值税额为：

12×3%＝0.36（万元）

## 五、进口征税和出口退税的计算

（一）进口货物应纳税额的计算

纳税人申报进入中华人民共和国海关境内的货物都应缴纳增值税。不论一般纳税人还是小规模纳税人均应按照组成计税价格和税法规定的税率计算应纳税额，不得抵扣任何税额。

组成计税价格和应纳税额计算公式：

组成计税价格 = 关税完税价格 + 关税

应纳税额 = 组成计税价格 × 税率

需要说明的是：

1. 上述“不得抵扣任何税额”是指在计算进口环节的应纳增值税额时，不能抵扣中国境外的各项税金。

2. 若该进口货物同时还要缴纳消费税，则其组成计税价格还应包含缴纳的消费税，其计算公式为：

组成计税价格 = 关税完税价格 + 关税 + 消费税

（二）出口货物退税的计算

为了鼓励本国产品的出口，提高本国出口产品在国际市场上的竞争力，世界各国都普遍采取出口货物退（免）税政策。即对出口环节生产或销售货物的增值部分免征增值税，对出口货物前一道环节所含的进项税额进行退付。

我国对出口货物实行的税收政策分为三种形式：(1) 出口免税并退税。该政策是指对货物在出口销售环节不征增值税、消费税，对货物在出口前实际承担的税收负担，按规定的出口退税率计算后予以退还。(2) 出口免税不退税。免税同样是指出口环节销售环节不征增值税、消费税，适用该政策的货物因在前一道生产、销售环节或进口环节是免税的，其价格本身就是不含税的，因此也无需退税。(3) 出口不免税也不退税。适用该政策的主要是税法列举限制或禁止出口的货物，如麝香、天然牛黄、原油等。对于这些货物的出口环节视同国内销售，照常征税，同时也不退还出口前其所负担的税款。

不同的出口货物适用不同的税收政策，因此，并非所有的出口货物都要计算退税额。只有在适用免税并退税的税收政策时，才会涉及计算退税问题。

由于各类出口企业对出口货物的会计核算不同，有的对出口货物单独核算，有的对出口货物和内销货物统一核算。与此相适应，有两种退税计算方法：一是“免、抵、退”税，主要适用于自营和委托出口自产货物的生产企业；二是“先征后退”，主要适用于收购货物出口的外（工）贸企业。

1.“免、抵、退”税的计算方法

该方法中的“免”税，是指对生产企业出口额的自产货物，免征本企业生产销售环节的增值税；“抵”税，是指生产企业出口自产货物所耗用的原材料、零部件、燃料等所含的已经缴纳的增值税款，抵顶内销货物或应税劳务的应纳税额；“退”税是指企业出口自产货物在当月内应抵顶的进项税额大于应纳税额时，对未抵顶完的部分予以退税。

“免、抵、退”税的计算过程及相关公式如下：

(1) 当期应纳税税额的计算：

当期应纳税额 = 当期内销货物的销项税额 - （当期进项税额 - 当期免抵退税不得免征和抵扣税额） - 上期留抵税额

其中，当期免抵退税不得免征和抵扣税额 = 出口货物离岸价 × 外汇人民币牌价 ×（出口货物征税率 - 出口货物退税率） - 免抵退税不得免征和抵扣税额抵减额

免抵退税不得免征和抵扣税额抵减额 = 免税购进原材料价格 × （出口货物征税率 - 出口货物退税率）

出口货物离岸价（FOB）以出口发票计算的离岸价为准。

若当期没有免税购进原材料价格，上述公式中的免抵退税不得免征和抵扣税额抵减数，以及免抵退税额抵减额，不需要计算。

(2) 免抵退税额的计算：

当期免抵退税额 = 出口货物离岸价 × 外汇人民币牌价 × 出口货物退税率 - 免抵退税额抵减额

其中：免抵退税额抵减额 = 免税购进原材料价格 × 出口货物退税率

(3) 当期应退税额和免抵税额的计算：

第一，若当期期末留抵税额 ≤ 当期免抵退税额，则

当期应退税额 = 当期期末留抵税额

当期免抵税额 = 当期免抵退税额 - 当期应退税额

第二，若当期期末留抵税额 > 当期免抵退税额，则

当期应退税额 = 当期免抵退税额

当期免抵税额 = 0

当期期末留抵税额根据当期《增值税纳税申报表》中“期末留抵税额”确定。

上述各公式中的“外汇人民币牌价”可以选择销售发生当天或者当月1日的人民币汇率中间价。纳税人应在事先确定采用何种折算率，确定后1年内不得变更。

**[案例2-7]** 某自营出口生产企业是增值税的一般纳税人，出口货物的征税率为17%，退税税率为11%，上月末留抵税款6万元。2009年1月发生以下业务：

(1) 外购原材料，支付价款400万元，增值税额68万元，取得增值税专用发票；

(2) 本月内销货物取得不含税收入200万元；

(3) 本月出口货物的销售额折和人民币400万元。

根据上述资料，免抵退税的计算如下：

(1) 当期免抵退税不得免征和抵扣税额 = 400 × (17% - 11%)

= 24 (万元)

(2) 当期应纳税额 = 200 × 17% - (68 - 24) - 6

= 34 - 44 - 6 = - 16 (万元)

(3) 出口货物“免、抵、退”税额 = 400 × 11% = 44 (万元)

(4) 按规定，如当期末留抵税额 ≤ 当期免抵退税额时：

当期应退税额 = 当期期末留抵税额

即该企业当期应退税额 = 16万元

(5) 当期免抵退额 = 当期免抵退税额 - 当期应退税额

当期免抵税额 = 44 - 16 = 28 (万元)

2.“先征后退”的计算方法

(1) 外贸企业出口退税的计算：

第一，对有进出口经营权的外贸企业收购货物直接出口或委托其他外贸企业代理出口货物，应按照购进货物所取得的增值税专用发票上注明的进项税额和该货物适用的退税率计算退税。其计算公式为：

应退税额 = 购进货物的进项税额 × 退税率

或者：应退税额 = 外贸收购不含增值税购进金额 × 退税率

第二，外贸企业委托生产企业加工收回后出口的货物，按照购进国内原辅材料的增值税专用发票的进项税额和相应的退税率计算原辅材料的退税额。支付的加工费，凭受托方开具货物的退税率，计算加工费的退税额。其计算公式如下：

应退税额 = 购进国内原辅材料的进项税额 × 相应退税率 + 加工费 × 相应退税率

(2) 购进小规模纳税人出口货物的退税的计算：

第一，从小规模纳税人购进特准退（免）税的抽纱、工艺品、香料等12类出口货物同样适用免税并退税的税收政策。由于小规模纳税人开具的是普通发票，发票所列销售额为含税销售额，因此，需将含税销售额换算为不含税销售额，计算公式如下：

应退税额 = 普通发票所列含税销售额 ÷（1 + 征收率）× 退税率

第二，从小规模纳税人购进税务机关代开的增值税专用发票的出口货物，退税额计算公式如下：

应退税额 = 增值税专用发票注明的金额 × 退税率

## 六、纳税义务发生时间、地点和纳税期限

(一) 增值税纳税义务发生时间

纳税义务发生时间，是纳税人发生应税行为应当承担纳税义务的起始时间。销售货物或者应税劳务的纳税义务发生时间，按销售结算方式的不同，具体规定如下：

1. 采取直接收款方式销售货物，不论货物是否发出，均为收到销售款或者取得索取销售款凭据的当天。

2. 采取托收承付和委托银行收款方式销售货物，为发出货物并办妥托收手续的当天。

3. 采取赊销和分期收款方式销售货物，为书面合同约定的收款日期的当

天，无书面合同的或者书面合同没有约定收款日期的，为货物发出的当天。

4. 采取预收货款方式销售货物，为货物发出的当天，但生产销售生产工期超过12个月的大型机械设备、船舶、飞机等货物，为收到预收款或者书面合同约定的收款日期的当天。

5. 委托其他纳税人代销货物，为收到代销单位的代销清单或者收到全部或者部分货款的当天；未收到代销清单及货款的，为发出代销货物满180天的当天。

6. 销售应税劳务，为提供劳务同时收讫销售款或者取得索取销售款的凭据的当天。

7. 纳税人发生视同销售货物行为的，为货物移送的当天。

8. 进口货物，为报关进口的当天。

上述销售货物或应税劳务纳税义务发生时间的确定，明确企业在计算应纳税额时对“当期销项税额”确认时间的限定。目前，一些企业没有按照上述规定的纳税义务发生时间将实现的销售收入及时入账并计算纳税，而是采取延迟入账或不计销售收入等做法以拖延纳税或逃避纳税，这些做法都是错误的。企业必须按上述规定的纳税时限及时、准确地记录销售额并计算当期销项税额。

（二）增值税纳税地点

1. 固定业户应当向其机构所在地的主管税务机关申报纳税。总机构和分支机构不在同一县（市）的，应当分别向各自所在地的主管税务机关申报纳税；经国务院财政、税务主管部门或者其授权的财政、税务机关批准，可以由总机构汇总向其机构所在地的主管税务机关申报纳税。

2. 固定业户到外县（市）销售货物或者应税劳务，应当向其机构所在地的主管税务机关申请开具外出经营活动税收管理证明，并向其机构所在地的主管税务机关申报纳税；未开具证明的，应当向销售地或者劳务发生地的主管税务机关申报纳税；未向销售地或者劳务发生地的主管税务机关申报纳税的，由其机构所在地的主管税务机关补征税款。

3. 非固定业户销售货物或者应税劳务，应当向销售地或者劳务发生地的主管税务机关申报纳税；未向销售地或者劳务发生地的主管税务机关申报纳税的，由其机构所在地或者居住地的主管税务机关补征税款。

4. 企业进口货物，应当向报关地海关申报纳税。扣缴义务人应当向其机构所在地或者居住地的主管税务机关申报缴纳其扣缴的税款。

5. 扣缴义务人应当向其机构所在地或者居住地的主管税务机关申报缴纳其扣缴的税款。

（三）纳税期限

明确了增值税纳税义务发生时间后，还需要掌握具体纳税期限，以保证按期缴纳税款。

增值税的纳税期限分别为1日、3日、5日、10日、15日、一个月或者一个季度。纳税人的具体纳税期限，由主管税务机关根据纳税人应纳税额的大小分别核定；不能按照固定期限纳税的，可以按次纳税。

纳税人以一个季度或一个月为一期纳税的，自期满之日起15日内申报纳税；以1日、3日、5日、10日或者15日为一期纳税的，自期满之日起5日内预缴税款，于次月1日起15日内申报纳税并结清上月应纳税款。

纳税人进口货物，应当自海关填发税款缴纳书之日起15日内缴纳税款。

## 七、增值税专用发票的使用

我国增值税实行的是以票控税的征管方法，凭国家印发的增值税专用发票注明的税款实行抵扣制。增值税专用发票是纳税人经济活动中的重要商业凭证，标明销货方销项税额和购货方进项税额的原始凭证，对增值税的计算和会计管理起着决定性的作用，因此，正确使用增值税专用发票是十分重要的。

（一）专用发票领购使用范围

增值税专用发票只限于增值税的一般纳税人领购使用。增值税的小规模纳税人和非增值税纳税人不得领购使用。

一般纳税人有下列情形之一者，也不得领购使用专用发票：

1. 会计核算不健全，即不能按会计制度和税务机关的要求准确核算增值税的销项税额、进项税额和应纳税额者。

2. 不能向税务机关准确提供增值税销项税额、进项税额、应纳税额数据及其他有关增值税税务资料者。

3. 有以下行为，经税务机关责令限期改正而仍未改正者：

（1）私自印制专用发票；

（2）向个人或税务机关以外的单位买取专用发票；

（3）借用他人专用发票；

（4）向他人提供专用发票；

（5）未按规定开具专用发票；

（6）未按规定保管专用发票；

（7）未按规定申报专用发票的购、用、存情况；

（8）未按规定接受税务机关检查。

4. 销售的货物全部属于免税项目者。

有上列情形的一般纳税人如已领购使用专用发票，税务机关应收缴其结存的专用发票。

另外，税法还规定，纳税人当月购买专用发票而未申报纳税的，税务机关不得向其发售专用发票。

（二）专用发票开具范围

一般纳税人销售货物（包括视同销售货物）、应税劳务，应当征收增值税的非应税劳务，必须向购买方开具专用发票。下列情形不得开具专用发票：

1. 向消费者个人销售货物或者应税劳务的。

2. 销售货物或者应税劳务适用免税规定的。

3. 小规模纳税人销售货物或者应税劳务的。

（三）专用发票开具要求

专用发票必须按下列要求开具：

1. 字迹清楚。

2. 不得涂改。

如填写有误，应另行开具专用发票，并在误填的专用发票上注明“误填作废”四个字。如专用发票开具后因购货方不索取而成为废票的，也应按填写有误办理。

3. 项目填写齐全。

4. 票、物相符，票面金额与实际收取的金额相符。

5. 各项目内容正确无误。

6. 全部联次一次填开，上、下联的内容和金额一致。

7. 发票联和抵扣联加盖财务专用章或发票专用章。

8. 按照规定的时限开具专用发票。

9. 不得开具伪造的专用发票。

10. 不得拆本使用专用发票。

11. 不得开具票样与国家税务总局统一制定的票样不相符合的专用发票。

开具的专用发票有不符合上列要求者，不得作为扣税凭证，购买方有权拒收。

另外，税法还规定，自1995年11月1日起税务机关在发售专用发票时(电脑专用发票除外)，必须监督纳税人在专用发票一至四联（即存根联、发票联、抵扣联、记账联）的有关栏目中加盖专用发票销货单位栏戳记（使用蓝色印泥)，经检验无误后方可将专用发票交付纳税人使用。未加盖上述戳记或印迹不清晰的专用发票不得交付纳税人使用。对于目前纳税人库存未用的专用发票，税务机关应督促其按规定加盖专用发票销货单位栏戳记。专用发票销货单位栏戳记是指按专用发票“销货单位”栏的内容（包括销货单位名称、税务登记号、地址、电话号码、开户银行及账号等）和格式刻制的专用印章，用于加盖在专用发票“销货单位”栏内。

纳税人开具专用发票不得手工填写“销货单位”栏，凡手工填写“销货单位”栏的，属于未按规定开具专用发票，购货方不得作为扣税凭证。

（四）专用发票开具时限

1. 采用预收货款、托收承付、委托银行收款结算方式的，为货物发出的当天。

2. 采用交款提货结算方式的，为收到货款的当天。

3. 采用赊销、分期收款结算方式的，为合同约定的收款日期的当天。

4. 将货物交付他人代销，为收到受托人送交的代销清单的当天。

5. 设有两个以上机构并实行统一核算的纳税人，将货物从一个机构移送其他机构用于销售，按规定应当征收增值税的，为货物移送的当天。

6. 将货物作为投资提供给其他单位或个体工商户，为货物移送的当天。

7. 将货物分配给股东，为货物移送的当天。

一般纳税人必须按规定时限开具专用发票，不得提前或滞后。对已开具专用发票的销售货物，要及时足额计入当期销售额计税。凡开具了专用发票，其

销售额未按规定计入销售账户核算的，一律按偷税论处。

（五）电子计算机开具专用发票的要求

使用电子计算机开具专用发票必须报经主管税务机关批准并使用由税务机关监制的机打发票。符合下列条件的一般纳税人，可以向主管税务机关申请使用电子计算机开具专用发票：

1. 有专业电子计算机技术人员、操作人员。

2. 具备通过电子计算机开具专用发票和按月列印进货、销货及库存清单的能力。

3. 国家税务总局直属分局规定的其他条件。

申请使用电子计算机开具专用发票，必须向主管税务机关提供申请报告及以下资料：

1. 按照专用发票格式用电子计算机制作的模拟样张。

2. 根据会计操作程序用电子计算机制作的最近月份的进货、销货及库存清单。

3. 电子计算机设备的配置情况。

4. 有关专用电子计算机技术人员、操作人员的情况。

5. 国家税务总局直属分局要求提供的其他资料。

（六）专用发票与不得抵扣进项税额的规定

除购进免税农业产品和自营进口货物外，购进应税项目有下列情况之一者，不得抵扣进项税额：

1. 未按规定取得专用发票。

2. 未按规定保管专用发票。

3. 销售方开具的专用发票不符合专用发票开具要求。

有上述所列三项情形者，如其购进应税项目的进项税额已经抵扣，应从发现上述情形当期的进项税额中扣减。

有下列情形之一者，为未按规定取得专用发票：

1. 未从销售方取得专用发票。

2. 只取得记账联或抵扣联。

有下列情形之一者，为未按规定保管专用发票：

1. 未按照税务机关的要求建立专用发票管理制度。

2. 未按照税务机关的要求设专人保管专用发票。

3. 未按照税务机关的要求设置专门存放专用发票的场所。

4. 税款抵扣联未按税务机关的要求装订成册。

5. 未经税务机关查验擅自销毁专用发票的基本联次。

6. 丢失专用发票。

7. 损（撕）毁专用发票。

8. 未执行国家税务总局或其直属省级国家税务局提出的其他有关保管专用发票的要求。

（七）开具专用发票后发生退货或销售折让的处理

1. 增值税一般纳税人开具增值税专用发票后发生销货退回、销售折让以及开票有误等情况需要开具红字专用发票的，视不同情况分别处理。

因专用发票抵扣联、发票联均无法认证的，由购买方填报《开具红字增值税专用发票申请单》，并在申请单上填写具体原因以及相对应蓝字专用发票的信息，主管税务机关审核后出具《开具红字增值税专用发票通知单》。购买方不作进项税额转出处理。

购买方所购货物不属于增值税扣税项目范围，取得的专用发票未经认证的，由购买方填报申请单，并在申请单上填写具体通知单。

因开票有误购买方拒收专用发票的，销售方须在专用发票认证期限内向主管税务机关填报申请单，并在申请单上填写具体原因以及相对应蓝字专用发票的信息，同时提供由购买方出具的写明拒收理由、错误具体项目以及正确内容的书面材料，主管税务机关审核确认后出具通知单。销售方凭通知单开具红字专用发票。

因开票有误等原因尚未将专用发票交付购买方的，销售方须在开具有误专用发票的次月内向主管税务机关填报申请单，并在申请单上填写具体原因以及相对应蓝字专用发票的信息，同时提供由销售方出具的写明具体理由、错误具体项目以及正确内容的书面材料，主管税务机关审核确认后出具通知单。销售方凭通知单开具红字专用发票。

发生销货退回或销售折让的，除按照规定办理外，销售方还应在开具红字发票后将该笔业务的相应记账凭证复印件报送主管税务机关备案。

2. 税务机关为小规模纳税人代开专用发票需要开具红字专用发票的，比

照一般纳税人开具红字专用发票的处理办法，通知单第二联交代开税务机关存档。

(八) 增值税专用发票的管理

税法除对纳税人领购、开具专用发票作出上述各项具体规定外，在严格管理上也对纳税人提出了要求，并作了多项规定。

1. 关于被盗、丢失增值税专用发票的处理

(1) 纳税人必须严格按《增值税专用发票使用规定》保管使用专用发票，对违反规定发生被盗、丢失专用发票的纳税人，按《中华人民共和国税收征收管理法》和《发票管理办法》的规定，处以1万元以下的罚款，并可视具体情况，对丢失专用发票的纳税人，在一定期限内（最长不超过半年）停止领购专用发票、对纳税人申报遗失的专用发票，如发现非法代开、虚开问题的，该纳税人应承担偷税、骗税的连带责任。

(2) 纳税人丢失专用发票后，必须按规定程序向当地主管税务机关、公安机关报失。各地税务机关对丢失专用发票的纳税人按规定进行处罚的同时，代收取“挂失登报费”，并将丢失专用发票的纳税人名称、发票份数、字轨号码、盖章与否等情况，统一传（寄）中国税务报社刊登“遗失声明”。传（寄）中国税务报社的“遗失声明”，必须经县（市）国家税务机关审核盖章、签署意见。

2. 关于对代开、虚开增值税专用发票的处理

代开发票是指为与自己没有发生直接购销关系的他人开具发票的行为。虚开发票是指在没有任何购销事实的前提下，为他人、为自己或让他人为自己或介绍他人开具发票的行为。代开、虚开发票的行为都是严重的违法行为。对代开、虚开专用发票的，一律按票面所列货物的适用税率全额征补税款，并按《中华人民共和国税收征收管理法》的规定按偷税处罚。对纳税人取得代开、虚开的增值税专用发票，不得作为增值税合法抵扣凭证抵扣进项税额。代开、虚开发票构成犯罪的，按全国人大常委会发布的《关于惩治虚开、伪造和非法出售增值税专用发票犯罪的决定》处以刑罚。

3. 纳税人善意取得虚开的增值税专用发票的处理

根据《国家税务总局关于纳税人善意取得虚开的增值税专用发票处理问题的通知》（国税发〔2000〕187号）规定：

(1) 购货方与销售方存在真实的交易，销售方使用的是其所在省（自治区、直辖市和计划单列市）的专用发票，专用发票注明的销售方名称、印章、货物数量、金额及税额等全部内容与实际相符，且没有证据表明购货方知道销售方提供的专用发票是以非法手段获得的，对购货方不以偷税或者骗取出口退税论处。但应按有关规定不予抵扣进项税款或者不予出口退税；购货方已经抵扣的进项税款或者取得的出口退税，应依法追缴。

(2) 购货方能够重新从销售方取得防伪税控系统开出的合法、有效专用发票的，或者取得手工开出的合法、有效专用发票且取得了销售方所在地税务机关已经或者正在依法对销售方虚开专用发票行为进行查处证明的购货方所在地税务机关应依法准予抵扣进项税款或者出口退税。

(3) 如有证据表明购货方在进项税款得到抵扣或者获得出口退税前知道该专用发票是销售方以非法手段获得的，对购货方应按《国家税务总局关于纳税人取得虚开的增值税专用发票处理问题的通知》（国税发［1997］134号）和《国家税务总局关于〈国家税务总局关于纳税人取得虚开的增值税专用发票处理问题的通知〉的补充通知》（国税发［2000］182号）的规定处理。

(4) 依据国税发［2000］182号文件规定：有下列情形之一的，无论购货方（受票方）与销售方是否进行了实际的交易，增值税专用发票所注明的数量、金额与实际交易是否相符，购货方向税务机关申请抵扣进项税款或者出口退税的，对其均应按偷税或者骗取出口退税处理。

①购货方取得的增值税专用发票所注明的销售方名称、印章与其进行实际交易的销售方不符的，即国税发［1997］134号文件第二条规定的“购货方从销售方取得第三方开具的专用发票”的情况。

②购货方取得的增值税专用发票为销售方所在省（自治区、直辖市和计划单列市）以外地区的，即国税发［1997］134号文件第二条规定的“从销货地以外的地区获得专用发票”的情况。

③其他有证据表明购货方明知取得的增值税专用发票系销售方以非法手段获得的，即国税发［1997］134号文件第一条规定的“受票方利用他人虚开的专用发票，向税务机关申报抵扣税款进行偷税”的情况。

4. 防伪税控系统增值税专用发票的管理

纳税人在运用防伪税控系统开具专用发票时，应认真检查系统中的电子发票代码、号码与纸质发票是否一致。如发现税务机关错填电子发票代码、号码的，应持纸质专用发票和税控 IC 卡到税务机关办理退回手续。

纳税人当月发现由于税务机关错误录入代码或号码后又被纳税人开具的专用发票的问题时，应按照专用发票使用管理的有关规定，对纸质专用发票和防伪税控开票系统中专用发票电子信息同时进行作废，并及时报主管税务机关。纳税人在以后月份发现的，应按有关规定开具负数专用发票。

在未收回专用发票抵扣联及发票联，或虽已收回专用发票抵扣联及发票联但购货方已将专用发票抵扣联报送税务机关认证的情况下，销货方一律不得作废已开具的专用发票。

5. 代开增值税专用发票管理

自 2004 年 6 月份申报期起，增值税一般纳税人（以下简称纳税人）使用代开发票抵扣进项税额的，应逐票填写《代开发票抵扣清单》（以下简称《抵扣清单》），在进行增值税纳税申报时随同纳税申报表一并报送。在 6 月份申报时纳税人只报送《抵扣清单》纸质资料，从 7 月份申报期开始纳税人除报送《抵扣清单》纸质资料外，还需同时报送载有《抵扣清单》电子数据的软盘（或其他存储介质）。未单独报送或未按规定要求填写《抵扣清单》纸质资料及电子数据的，不得抵扣进项税额。纳税人当期未使用代开发票抵扣进项税额的可不向主管税务机关报送《抵扣清单》。

# 第三章 增值税会计操作实务与技巧

## 一、增值税账户设置与纳税申报表

增值税会计是以国家现行税法为准绳，在遵循会计原理和公平、公正、中性等税收原则基础上对涉税业务进行确认、计量、记录和报告，向税务机关和企业利益相关者提供增值税信息的专门会计。增值税会计的对象是增值税款的形成、申报与缴纳过程的资金运动。

（一）增值税账户设置

1．“应交税费——应交增值税”账户

一般纳税人必须设置“应交税费——应交增值税”账户，该账户按增值税核算的内容，分别设置“进项税额”、“已交税金”、“转出未交增值税”、“销项税额”、“出口退税”、“进项税额转出”、“出口抵减内销产品应纳税额”、“转出多交增值税”等专栏，其账户结构如图 3－1 所示。

**应交税费——应交增值税**

| 发生额 | 发生额 |
|---|---|
| 进项税额 | 销项税额 |
| 已交税金 | 出口退税 |
| 减免税额 | 进项税额转出 |
| 出口抵减内销产品应纳税额 | 转出多交增值税 |
| 转出未交增值税 | |
| 留抵税额 | |

图 3－1

(1)“进项税额”专栏

记录企业购入货物或接受应税劳务而支付的、准予从销项税额中抵扣的增

值税额。企业购入货物或接受增值税应税劳务支付的进项税额，用蓝字登记；退回所购货物应冲销的进项税额，用红字登记。

(2)“已交税金”专栏

记录企业已缴纳的增值税额。企业已缴纳的增值税用蓝字登记；退回多缴的增值税用红字登记。

(3)“减免税款”专栏

记录企业按规定减免的增值税款。企业按规定直接减免的增值税额借记本科目，贷记“营业外收入”科目。

(4)“出口抵减内销产品应纳税额”专栏

记录出口企业销售出口货物后，向税务机关办理免抵退税申报，按规定计算的应免抵税额，借记本科目，贷记“应交税费——应交增值税（出口退税）”科目。

(5)“转出未交增值税”专栏

核算企业月终转出应缴未缴的增值税额。月末企业“应交税费——应交增值税”明细账出现贷方余额时，根据余额借记本科目，贷记“应交税费——未交增值税”科目。

(6)“销项税额”专栏

记录企业销售货物或提供应税劳务收取的增值税额。企业销售货物或提供应税劳务应收取的销项税额，用蓝字登记；退回销售货物应冲销的销项税额，用红字登记。

(7)“出口退税”专栏

记录企业出口适用零税率的货物，向海关办理报关出口退税而收到退回的税款。出口货物退回的增值税额，用蓝字登记；出口货物办理退税后发生退货或者退关而补交已退的税款，用红字登记。

(8)“进项税额转出”专栏

记录企业购进货物、在产品、产成品等发生的正常损失，以及其他原因而不得从销项税额中抵扣、按照规定转出的进项税额。

(9)“转出多交增值税”专栏

核算一般纳税企业月终转出多缴的增值税。月末企业“应交税费——应交增值税”明细账出现借方余额时，根据余额借记“应交税费——未交增值税”，贷记本科目。

2.“应交税费——未交增值税”账户

本账户反映月末从“应交税费——应交增值税”二级科目转入的本月应交未交增值税或者多交增值税，转入多交的增值税也在本明细科目核算。账户结构如图 3－2 所示。

应交税费——未交增值税

| 转入本月多交增值税 | 转入本月应交未交增值税 |
|---|---|
| 缴纳增值税 | |
| | 未交增值税 |

图 3－2

特别提醒的是，小规模纳税人只核算增值税的应交数、已交数及欠交或多交数即可。因此，只需在“应交税费”科目下设置“应交增值税”二级科目，无需再设其他明细项目。“应交增值税”采用“借、贷、余”三栏式账页登记。贷方反映应交的增值税，借方反映实际上交的增值税；期末贷方余额反映尚未上交或欠交的增值税，期末借方余额反映多交的增值税。

（二）增值税纳税申报表

增值税会计报表包括：增值税纳税申报表、应交增值税明细表、生产企业出口货物免、抵、退税申报表等。

1. 应交增值税明细表

应交增值税明细表是反映企业一定时期内应交增值税和未交增值税情况的报表，一般按月编制。通过该表可以了解企业期初未抵扣的数额、当期发生的销项税额、当期抵扣情况和未交增值税数额。如表 3－1 所示。

表 3－1　应交增值税明细表

编制单位　　年　月　　单位：元

| 项　目 | 行次 | 本月数 | 本年累计数 |
|---|---|---|---|
| 一、应交增值税 | | | |
| 1. 年初未抵扣数（以“－”号填列） | 1 | × | |

续表

| 项　目 | 行次 | 本月数 | 本年累计数 |
|---|---|---|---|
| 2. 销项税额 | 2 | | |
| 出口退税 | 3 | | |
| 进项税额转出 | 4 | | |
| 转出多交增值税 | 5 | | |
| | 6 | | |
| | 7 | | |
| 3. 进项税额 | 8 | | |
| 已交税金 | 9 | | |
| 减免税款 | 10 | | |
| 出口抵减内销产品应纳税额 | 11 | | |
| 转出未交增值税 | 12 | | |
| | 13 | | |
| | 14 | | |
| 4. 期末未抵扣数（以“－”号填列） | 15 | | |
| 二、未交增值税： | | | |
| 1. 年初未交数（多交数以“－”号填列） | 16 | | |
| 2. 本期转入数（多交数以“－”号填列） | 17 | | |
| 3. 本期已交数 | 18 | | |
| 4. 期末未交数（多交数以“－”号填列） | 20 | | |

2. 生产企业出口货物免、抵、退税申报表

该表适用于生产企业出口货物“免、抵、退”税计算方法，格式如表3－2所示。

**表 3-2　　　　生产企业出口货物免、抵、退税申报表**

企业代码：　　　　企业名称：

纳税人识别号：　　　　所属期：　　年　　月　　　　单位：元至角分

| 项　　目 | 栏　　次 | 当期 | 本年累计 | 与增值税纳税申报表差额 |
|---|---|---|---|---|
| | | (a) | (b) | (c) |
| 当期免抵退出口货物销售额（美元） | 1 | | | — |
| 当期免抵退出口货物销售额 | 2=3+4 | | | |
| 其中：单证不齐销售额 | 3 | | | — |
| 单证齐全销售额 | 4 | | | — |
| 前期出口货物当期收齐单证销售额 | 5 | | — | — |
| 单证齐全出口货物销售额 | 6=4+5 | | | — |
| 不予免抵退出口货物销售额 | 7 | | | — |
| 出口销售额乘征退税率之差 | 8 | | | — |
| 上期结转免抵退税不得免征和抵扣税额抵减额 | 9 | | — | — |
| 免抵退税不得免征和抵扣税额抵减额 | 10 | | | — |
| 免抵退税不得免征和抵扣税额 | 11（如 8>9+10 则为 8-9-10，否则为 0） | | | |
| 结转下期免抵退税不得免征和抵扣税额抵减额 | 12（如 9+10>8 则为 9+10-8，否则为 0） | | — | — |
| 出口销售额乘退税率 | 13 | | | — |
| 上期结转免抵退税额抵减额 | 14 | | — | — |
| 免抵退税额抵减额 | 15 | | | — |
| 免抵退税额 | 16（如 13>14+15 则为 13-14-15，否则为 0） | | | — |
| 结转下期免抵退税额抵减额 | 17（如 14+15>13 则为 14+15-13，否则为 0） | | — | — |
| 增值税纳税申报表期末留抵税额 | 18 | | — | — |
| 计算退税的期末留抵税额 | 19=18-11c | | — | — |

续表

<table>
<tr><td rowspan="2">项　目</td><td rowspan="2">栏　次</td><td>当期</td><td>本年累计</td><td>与增值税纳税申报表差额</td></tr>
<tr><td>(a)</td><td>(b)</td><td>(c)</td></tr>
<tr><td>当期应退税额</td><td>20(如16>19则为19,否则为16)</td><td></td><td></td><td>—</td></tr>
<tr><td>当期免抵税额</td><td>21 = 16 - 20</td><td></td><td></td><td>—</td></tr>
<tr><td colspan="2">出口企业</td><td colspan="3">退税部门</td></tr>
<tr><td colspan="2">兹声明以上申报无讹并愿意承担一切法律责任。<br>经办人：<br>财务负责人：　　　　　（公章）<br>企业负责人：　　　　　年　　月　　日</td><td colspan="3">经办人：<br>复核人：　　　　（章）<br>负责人：　　年　　月　　日</td></tr>
</table>

注：1. 本表一式四联，退税部门审核签章后返给企业二联，其中一联作为下期《增值税纳税申报表》附表，退税部门留存一联，报上级退税机关一联；

2. 第（c）列“与增值税纳税申报表差额”为退税部门审核确认的第（b）列“累计”申报。

## 二、销项税额的会计处理

### （一）一般销售业务的会计处理

1. 直接收款交货

税法规定，采取直接收款方式销售货物，无论货物是否发出，均以收到的销售款或取得销售凭证并将提货单交给买方的当天，作为纳税义务发生时间；现开具发票的以发票开具当天作为纳税义务发生时间。收到货款时，借记“库存现金”、“银行存款”、“应收票据”等科目，贷记“主营业务收入”、“应交税费——应交增值税（销项税额）”科目。

**［案例3-1］** 红星电器厂（一般纳税人）本月向甲企业销售10台电器，每台不含税售价6000元，红星电器厂给企业开出增值税专用发票上注明价款为60000元，税率17%，增值税额为10200元。企业以现金支付70200元，红星电器厂将提货单、发票交给甲企业。会计处理如下：

借：库存现金　　　　　　　　　　　　70200

　　贷：主营业务收入　　　　　　　　　　60000

应交税费——应交增值税（销项税额） 10200

2. 采取托收承付和委托银行收款方式销售货物

采用这两种销售结算方式，纳税人按合同规定向购货方发出货物后，凭开具的销售发票和运输单据等向银行办理托收手续，纳税义务发生时间为发出货物并办妥托收手续的当天。

**［案例3－2］** 某摩托车生产公司向外地购货方销售摩托车一批，不含税售价为5000000元，采用委托收款结算方式，向银行办理托收手续后，作如下会计处理：

借：应收账款 5850000

贷：主营业务收入 5000000

应交税费——应交增值税（销项税额） 850000

3. 采取赊销和分期收款方式销售货物

采用这种方式销售货物，纳税人要按合同规定日期确认收入并计算缴纳增值税；若无书面合同的，以货物发出当天作为确认收入的日期。

**［案例3－3］** 甲企业以分期收款方式向乙企业销售货物，产品总成本为600000元，价款为800000元，合同规定分两次等额付款。甲企业当天收到第一期款项和税款136000元。但第二期货款在到期一年后才收到（折现率为5%），会计处理如下：

（1）发货时：

借：主营业务成本 600000

贷：库存商品 600000

借：长期应收款 400000

银行存款 536000

贷：主营业务收入 780952.4

应交税费——应交增值税（销项税额） 136000

未实现融资收益 19047.6

（2）收到第二期货款时：

借：银行存款 400000

贷：长期应收款 400000

借：未实现融资收益 19047.6

　　贷：财务费用　　19047.6

4. 采取预收货款方式销售货物

采取这种销售方式的，以货物发出的当天确认收入并计算缴纳增值税。收到货款时，借记“银行存款”科目，贷记“预收账款”科目；交货时，借记“预收账款”科目，贷记“主营业务收入”、“应交税费——应交增值税（销项税额）”科目。

采取预收货款方式生产、销售，生产工期超过12个月的大型机器设备、船舶、飞机等，增值税纳税义务时间为收到预付款，或者书面合同约定的收款日期的当天。

**[案例3-4]**　甲公司与乙公司签订供货合同，货款金额为100000元，应纳增值税为17000元，乙公司先交付货款的50%，剩余货款等到货后支付，会计处理如下：

（1）收到乙公司的预付款时：

借：银行存款　　50000

　　贷：预收账款　　50000

（2）交货时：

借：预收账款　　117000

　　贷：主营业务收入　　100000

　　　　应交税费——应交增值税（销项税额）　　17000

（3）收到乙公司的欠款时：

借：银行存款　　50000

　　贷：预收账款　　50000

5. 自产应税消费品的销售

自产应税消费品销售后，确认销售实现时的会计处理同上，计算缴纳消费税时，纳税人按规定借记“营业税金及附加”，贷记“应交税费——应交消费税”。

**[案例3-5]**　某化妆品生产企业销售自产的化妆品2000000元（不含增值税），销售成本为1200000元。会计处理如下：

（1）确认销售实现时：

借：银行存款　　2340000

贷：主营业务收入　　　　　　　　　　　　　　2000000

　　应交税费——应交增值税（销项税额）　　　　340000

（2）结转销售成本：

借：主营业务成本　　　　　　　　　　　　1200000

　　贷：库存商品　　　　　　　　　　　　　　1200000

（3）计算消费税：

借：营业税金及附加　　　　　　　　　　　600000

　　贷：应交税费——应交消费税　　　　　　　600000

6. 混合销售业务

纳税人的下列混合销售行为，应当分别核算货物的销售额和非增值税应税劳务的营业额，并根据其销售货物的销售额计算缴纳增值税，非增值税应税劳务的营业额不缴纳增值税；未分别核算的，由主管税务机关核定其货物的销售额：

其一，销售自产货物并同时提供建筑业劳务的行为；

其二，财政部、国家税务总局规定的其他情形。

其中非应税劳务的收入记入“其他业务收入”科目。

**[案例 3－6]** 某汽车生产商销售汽车 50 辆，每辆不含税价格为 100000 元。同时该企业取得非独立核算运输部门的收入为 100000 元，款项已收到，会计处理为：

借：银行存款　　　　　　　　　　　　　　5967000

　　贷：主营业务收入　　　　　　　　　　　　5000000

　　　　其他业务收入　　　　　　　　　　　　100000

　　　　应交税费——应交增值税（销项税额）　　867000

7. 兼营非应税劳务业务

增值税纳税人兼营非应税劳务应分别核算，即对应税项目征收增值税，贷记“主营业务收入”、“应交税费——应交增值税（销项税额）”科目，借记“银行存款”；对非应税劳务征收营业税，贷记“应交税费——应交营业税”科目。

**[案例 3－7]** 天方建材销售公司本月不含税销售收入为 1500000 元，从事室内装修取得收入 200000 元，适用营业税税率为 3%，会计处理如下：

(1) 取得销售收入时：

借：银行存款　　1755000

　贷：主营业务收入　　1500000

　　应交税费——应交增值税（销项税额）　　255000

(2) 取得室内装修收入时：

借：银行存款　　200000

　贷：其他业务收入　　200000

(3) 计算营业税时：

借：其他业务支出　　6000

　贷：应交税费——应交营业税　　6000

(4) 交纳增值税和营业税时：

借：应交税费——应交增值税　　255000

　　——应交营业税　　6000

　贷：银行存款　　261000

（二）视同销售业务的会计处理

视同销售业务处理时必须注意是否存在着商品的实际转移和货币流量的实质性增加，如果存在就将其确认为销售收入的实现，通过收入类账户进行核算，如将自产货物作为股利或利润分配给股东或投资者的行为。如果既不存在商品的转移，也不存在货币流量的增加，则不能通过收入类账户核算。

1. 交付他人代销货物

交付他人代销货物，增值税的确认时间为纳税人收到受托方交来代销清单的当天。在实际业务中，委托代销主要有两种方式：视同买断方式和收取手续费方式。

(1) 视同买断方式。视同买断方式是指由委托方和受托方签订协议，委托方按协议收取所代销的货物，实际售价可由受托方自定，实际售价与协议价之间的差额归受托方所有。委托方收到代销清单时，按应收的款项，借记“应收账款”等科目，贷记“主营业务收入”、“应交税费——应交增值税（销项税额）”科目。

(2) 收取手续费方式。收取手续费方式是指受托方按照委托方规定的价格对外销售，受托方根据所代销的商品数向委托方收取手续费，这实际上是受托方的一种劳务收入。企业发出代销商品时，借记“发出商品”科目，贷记“库存商品”科目；企业收到代销单位的代销清单时，根据代销清单开具增值税专用发票，借记“银行存款”、“应收账款”科目，贷记“主营业务收入”、“应交税费——应交增值税（销项税额）”科目。委托单位支付的代销手续费，应在接到受托单位转来的普通发票后，借记“销售费用”科目，贷记“银行存款”、“应收账款”科目。

**[案例3-8]** 某商场委托甲百货商店代销电冰箱500台，每台进价1200元，合同规定不含税代销价为1500元，手续费按不含税代销价的5%支付，该商场收到甲百货商店报送的代销清单，上列销售数量300台，开具增值税专用发票，注明价款450000元，税款76500元，款还未到；收到甲百货商店汇来的款项和手续费普通发票，扣除手续费22500元，实收金额50400元。会计处理如下：

①发出委托代销电冰箱时：

借：发出商品　　600000

　　贷：库存商品　　600000

②收到代销清单时：

借：应收账款　　526500

　　贷：主营业务收入　　450000

　　　　应交税费——应交增值税（销项税额）　　76500

③收到汇来款项和手续费发票时：

借：银行存款　　504000

　　销售费用　　22500

　　贷：应收账款　　526500

④结转委托代销商品成本时：

借：主营业务成本　　360000

　　贷：发出商品　　360000

2. 代他人销售货物

代为他人销售货物增值税的确认时间为收到销售款或取得索款凭证的当天。收到代销货物时，借记“代理业务资产”科目，贷记“代理业务负债”科目。取得实际销售收入时，借记“银行存款”科目，贷记“主营业务收入”、

"应交税费——应交增值税"科目。收到委托方开具的增值税专用发票时，借记"代理业务负债"、"应交税费——应交增值税（进项税额）"科目，贷记"应付账款"科目。

**[案例3-9]**　某生产型企业将价值200000元的自产产品委托某商场代销，该商场当月的销售收入为180000元，并于当月将代销清单交于企业，企业收到清单时开具增值税专用发票，注明价款150000元，税金25500元。该商场会计处理如下：

（1）收到代销货物时：

借：代理业务资产　　200000

　　贷：代理业务负债　　200000

（2）实际销售货物时：

借：银行存款　　210600

　　贷：主营业务收入　　180000

　　　　应交税费——应交增值税（销项税额）　　30600

同时结转成本：

借：主营业务成本　　150000

　　贷：代理业务资产　　150000

（3）收到企业开来的增值税专用发票并付款时：

借：代理业务负债　　150000

　　应交税费——应交增值税（进项税额）　　25500

　　贷：应付账款　　175500

3. 将自产或委托加工的货物用于非应税项目

纳税人将自产或者委托加工的货物用于增值税的非应税项目（如非应税劳务、转让无形资产、销售不动产、在建工程等）的行为视同销售，在货物移送的当天计算缴纳增值税。核算时借记"在建工程"、"其他业务支出"等科目，贷记"库存商品"、"应交税费——应交增值税"科目。

**[案例3-10]**　天方建材公司将自产的售价为100000元的木板用于公司装修，木板成本为80000元，会计处理如下：

应缴纳的增值税：100000×17%=17000（元）

借：在建工程　　97000

贷：库存商品　　80000

应交税费——应交增值税（销项税额）　　17000

4. 将自产委托加工的货物用于投资

自产或者委托加工的货物虽然没有发生实际销售，但是货物在这个环节的所有权发生了转移，所以税法规定这种行为应视同销售，确认时间为货物移送的当天。进行会计核算时，借记“长期股权投资”科目，贷记“主营业务收入”、“应交税费——应交增值税（销项税额）”等科目，并同时结转成本。

[**案例 3－11**]　某机电厂将自产的一台电机投资于某企业，该电机市场售价为 8 万元，已知电机的成本为 6.8 万元。会计处理如下：

借：长期股权投资　　93600

贷：主营业务收入　　80000

应交税费——应交增值税（销项税额）　　13600

借：主营业务成本　　68000

贷：库存商品　　68000

5. 将自产委托加工的货物分配给股东

纳税人将自产、委托加工的货物分配给股东，货物的所有权也发生了转移，所以同样要作为视同销售缴纳增值税，纳税义务的确认时间为货物移送的当天。核算时，借记“应付股利”科目，贷记“主营业务收入”、“应交税费——应交增值税（销项税额）”科目，并同时结转成本。

[**案例 3－12**]　东方制衣厂将自产的价值 500000 元的衣物作为股利分配给股东，衣物的账面成本为 480000 元，会计处理如下：

借：应付股利　　585000

贷：主营业务收入　　500000

应交税费——应交增值税（销税项额）　　85000

借：主营业务成本　　480000

贷：库存商品　　480000

6. 将自产委托加工的货物赠送他人

纳税人将自产或者委托加工的货物赠送他人，虽然没有实际销售，但是货物的所有权发生了转移，货物所耗用原材料的进项税额已从购入时的销项税额中抵扣，所以纳税人的赠送行为同样要视同销售缴纳增值税，纳税义务的确认

时间为货物移送的当天。进行会计处理时，借记“营业外支出”科目，贷记“主营业务收入”、“应交税费——应交增值税（销项税额）”科目，并同时结转成本。

**[案例3-13]** 2008年6月，某食品加工厂将自产的价值100000元的饼干无偿捐给四川灾区，已知饼干的账面成本为70000元，会计处理如下：

借：营业外支出　　117000
　贷：主营业务收入　　100000
　　应交税费——应交增值税（销项税额）　　17000

借：主营业务成本　　70000
　贷：库存商品　　70000

（三）特殊销售业务的会计处理

1. 采取折扣方式销售货物

（1）采用现金折扣方式销售货物

现金折扣是指销售方采用赊销方式销售商品时，为了鼓励购货方早付款而给予购货方的一种折扣优惠。

现金折扣通常发生在销货之后，是一种融资性的理财费用，因此，其折扣额不得从销售额中减除，应按原销售额计算交纳增值税。在会计处理时，现金折扣计入“财务费用”科目。

**[案例3-14]** 某企业销售产品一批，售价（不含增值税）为10000元，规定的现金折扣条件为：2/10、n/30，增值税率为17%，产品已发出并办妥托收手续。会计处理如下：

借：应收账款　　11700
　贷：主营业务收入　　10000
　　应交税费——应交增值税（销项税额）　　1700

①如果上述货款在10天内收到，其会计处理为：

借：银行存款　　11466
　财务费用　　234
　贷：应收账款　　11700

②如果超过了现金折扣的最后期限，其会计处理为：

借：银行存款　　11700

贷：应收账款 11700

(2) 采用实物折扣方式销售货物

销售者将自产、委托加工和购买的货物用于实物折扣的，则该实物价款不得从货物销售额中减除，且该实物应按增值税暂行条例“视同销售货物”中的“赠送他人”计算增值税。

**[案例3-15]** 某零售商场采取“买一赠一”方式销售A商品。本月销售A商品100件，零售价（含增值税，下同）58500元，随A商品赠送B商品100件，按零售价计算的金额为2340元。A、B商品适用的增值税税率均为17%，进销差价率为20%。会计处理如下：

销售A商品的会计处理：

销项税额 = 58500 ÷ (1 + 17%) × 17% = 8500（元）

借：银行存款 58500

　　贷：主营业务收入 58500

同时，按零售金额结转已销商品销售成本：

借：主营业务成本 58500

　　贷：库存商品 58500

结转销项税额：

借：主营业务收入 8500

　　贷：应交税费——应交增值税（销项税额） 8500

计算结转已销A商品的进销差价

58500 × 20% = 11700（元）

借：商品进销差价 11700

　　贷：主营业务成本 11700

随A商品赠送的B商品的会计处理如下：

销项税额 = 2340 ÷ (1 + 17%) × 17% = 340（元）

商品进销差价 = 2340 × 20% = 468（元）

借：营业外支出 2212

　　商品进销差价 468

　　贷：库存商品——B商品 2340

　　　　应交税费——应交增值税（销项税额） 340

2. 以物易物方式销售货物

采取以物易物方式销售的双方都应作购销处理，以各自发出的货物核算销售额，以各自收到的货物按规定核算购货额并计算进项税额。

**[案例3－16]** 某机械厂以自产的10台机床与钢材厂互换钢材，已知每台机床不含税价格为50万元，从钢材厂换回的电机已入库，对方开来的增值税专用发票上注明钢材价款400万元，增值税为680000元，并开出转账支票，补价1170000元。机械厂的会计处理如下：

销项税额＝500000×10×17%＝850000（元）

进项税额＝680000元

| |  |  |
|---|---|---|
| 借：原材料 | 4000000 | |
| 应交税费——应交增值税（进项税额） | 680000 | |
| 银行存款 | 1170000 | |
| 贷：主营业务收入 | | 5000000 |
| 应交税费——应交增值税（销项税额） | | 850000 |

3. 包装物出售与出租业务

（1）包装物出售

包装物随同货物一同出售，不论是否单独计价，均应计入销售额计征增值税，单独计价的包装物计入“其他业务收入”。

**[案例3－17]** 华泰公司（一般纳税人）2007年1月份销售应税消费品A一批给新华公司，增值税专用发票中注明价款10000元，其中包装物价值1000元，其成本为600元，增值税发票另外开具；增值税额为1700元，款项已收到。该产品成本为6000元，该产品消费税的税率为8%。A产品应纳增值税：9000×17%＝1530（元）

包装物应纳增值税：1000×17%＝170（元）

A产品应纳消费税：9000×8%＝720（元）

包装物应纳消费税：1000×8%＝80（元）

华泰公司确认收入、结转成本、计提消费税的会计处理分别如下：

| |  |  |
|---|---|---|
| 借：银行存款 | 11700 | |
| 贷：主营业务收入 | | 9000 |
| 其他业务收入 | | 1000 |

　　　　应交税费——应交增值税（销项税额）　　1700

借：主营业务成本　　6000

　　其他业务支出　　600

　　贷：产成品　　6000

　　　　周转材料　　600

借：营业税金及附加　　800

　　贷：应交税费——应交消费税　　800

（2）包装物出租

按税法规定，纳税人为销售货物而收取的押金单独记账核算的，时间在一年以内又未过期的不并入销售额；但对因逾期未收回包装物不再退还的押金，应按所包装物的适用税率计算销项税额。当然，在将包装物押金并入销售额征税时，需要先将该押金换算成不含税价格，再并入销售额征税。

**［案例 3－18］** 某卷烟厂 7 月销售甲类卷烟一批，取得销售收入为 40000 元（不含税），另收取包装物押金 5850 元，包装物的回收期限为 1 个月，成本为 4000 元。该卷烟消费税率为 30%。

销售方收取包装物押金时会计处理为：

借：银行存款　　5850

　　贷：其他应付款　　5850

一个月后收回包装物作相反会计处理。

若未收回包装物没收押金则需作如下会计处理：

包装物应纳增值税 = 5850 ÷（1 + 17%）× 17% = 850（元）

包装物应纳消费税 = 5850 ÷（1 + 17%）× 30% = 1500（元）

借：其他应付款　　5850

　　贷：其他业务收入　　5000

　　　　应交税费——应交增值税（销项税额）　　850

借：其他业务支出　　4000

　　贷：周转材料　　4000

借：营业税金及附加　　1500

　　贷：应交税费——应交消费税　　1500

4. 采取以旧换新和还本销售方式

采取以旧换新方式销售货物，销售额与收购额不能相互抵减，其销售额按新货物同期销售价格确定。会计处理时，借记“银行存款”、“库存商品”科目，贷记“主营业务收入”、“应交税费”科目。而以还本销售方式销售货物实质上属于一种融资行为，其销售额就是货物的销售价格，并且不得从销售额中减除还本支出，其会计处理与一般货物销售相同。

**[案例3-19]** 某商场采用以旧换新方式促销，某月销售彩电10台，不含税单价为2300元，同时回购彩电10台，每台作价400元，会计处理如下：

借：银行存款　　22910
　　库存商品　　4000
　　贷：主营业务收入　　23000
　　　　应交税费——应交增值税（销项税额）　　3910

**[案例3-20]** 某生产企业采用以还本销售方式销售一批货物，到期后收到全部价款100000元（含税）。会计处理如下：

100000÷（1+17%）=85470（元）

借：银行存款　　100000
　　贷：主营业务收入　　14530
　　　　应交税费——应交增值税（销项税额）　　85470

需要说明的是，以旧换新方式销售金银首饰时，按实际收取的不含增值税的销售额计算消费税，借记“营业税金及附加”，贷记“应交税费——应交营业税”。

**[案例3-21]** 某金银首饰销售店在假期期间以旧换新收回首饰，共作价200000元，换出的新首饰共计360000元，会计处理如下：

应纳消费税=360000÷（1+17%）×5%=15384.6（元）

应交增值税=660000÷（1+17%）×17%=95897.4（元）

（1）销售实现时：

借：银行存款　　360000
　　库存商品　　200000
　　贷：主营业务收入　　464102.6
　　　　应交税费——应交增值税（销项税额）　　95897.4

（2）计提金银首饰消费税时：

借：营业税金及附加　　　　15384.6

　　贷：应交税费——应交消费税　　　　15384.6

（四）销项税额会计处理的综合案例

某企业为一般纳税人，2009 年 1 月发生下列经济业务，请分别作出相应的会计处理：

（1）企业销售产品一批，其不含税的售价为 100 万元，双方协商从折扣方式销售，折扣率为 10%，成交金额为 85 万元，增值税税率为 17%，双方协商销售折扣为 2/10，该商品的成本 60 万元。随同商品出售单独计价的包装物，售价为 35100 元，成本为 20000 元，出租包装物收取押金 5000 元。上述款项均尚未收到。按税法规定，企业为购货方开具增值税专用发票，相关会计处理如下：

商品不含税销售额 = 1000000 元

包装物不含税销售额 = 35100 ÷ （1 + 17%） = 30000（元）

应税收入 = 1000000 + 30000 = 1030000（元）

增值税销项税额 = 1030000 × 17% = 175100（元）

借：应收账款　　　　1205100

　　贷：主营业务收入　　　　1000000

　　　　其他业务收入　　　　30000

　　　　应交税费——应交增值税（销项税额）　　　　175100

借：银行存款　　　　5000

　　贷：其他应付款——包装物押金　　　　5000

借：主营业务成本　　　　600000

　　贷：库存商品　　　　600000

借：主营业务收入　　　　20000

　　贷：周转材料　　　　20000

（2）10 天内收到款项：

借：银行存款　　　　1180998

　　财务费用　　　　24102

　　贷：应收账款　　　　1205100

（3）期末仓库汇总，其中无偿赠送产品价格 30000 元，成本 25000 元；投

资 200000 元，成本 150000 元；分配给投资者 300000 元，成本 200000 元；工程领用产品一批，成本 100000 元，价格 150000 元。

无偿赠送产品销项税额 = 30000 × 17% = 5100（元）

投资产品销项税额 = 200000 × 17% = 34000（元）

分配给投资者的销项税额 = 300000 × 17% = 51000（元）

工程领用产品的销项税额 = 150000 × 17% = 25500（元）

借：营业外支出　　35100
　贷：主营业务收入　　30000
　　应交税费——应交增值税（销项税额）　　5100

借：长期股权投资　　234000
　贷：主营业务收入　　200000
　　应交税费——应交增值税（销项税额）　　34000

借：应付股利　　351000
　贷：主营业务收入　　300000
　　应交税费——应交增值税（销项税额）　　51000

借：主营业务成本　　375000
　贷：库存商品　　375000

借：在建工程　　125500
　贷：库存商品　　100000
　　应交税费——应交增值税（销项税额）　　25500

（4）委托甲企业代销商品一批，合同规定甲企业按视同买断处理。其代销价格为 50000 元，成本为 40000 元。甲企业销售该批货物后，提交代销清单，并为其开具增值税发票。

发出商品：

借：主营业务成本　　40000
　贷：库存商品　　40000

借：应收账款　　58500
　贷：主营业务收入　　50000
　　应交税费——应交增值税（销项税额）　　8500

收到款项：

借：银行存款　　58500
　　贷：应收账款　　58500

(5) 接受 A 企业委托，加工物质一批，合同规定应收的加工费为 23400 元，款项已存入银行。

借：银行存款　　23400
　　贷：主营业务收入　　20000
　　　　应交税费——应交增值税（销项税额）　　3400

(6) 发生销货退回，购货方持税务机关开具的“企业进货退出及索取折让证明单”办理销售退回收款手续。证明单所列货款 100000 元，税款 17000 元，开具红字发票，同时签发 117000 元支票支付退货款。产品成本为 60000 元。

借：主营业务收入　　100000
　　应交税费——应交增值税（销项税额）　　17000
　　贷：银行存款　　117000
借：库存商品　　60000
　　贷：主营业务成本　　60000

(7) 期末清理出租包装物，没收原押金 4400 元，其中属于出租包装物的押金 2400 元，成本 1600 元；属于出借包装物 2000 元，成本 1300 元。没收押金的应交税额按 17%计算。

押金的销项税额 = 4400 × 17% = 748（元）

借：其他应付款　　4400
　　贷：主营业务成本　　1600
　　　　销售费用　　1300
　　　　应交税费——应交增值税（销项税额）　　748
　　　　营业外收入　　752

本期企业的销项税额 = 175100 + 5100 + 34000 + 51000 + 25500 + 8500 + 34000 − 17000 + 748 = 286348（元）

## 三、进项税额的会计处理

对于生产型企业一般纳税人来说，在其生产经营过程中，既会发生销售货

物或提供劳务的销项税额，又会发生购进货物或者接受劳务的进项税额。增值税实行税款抵扣原则，确认的进项税额可以抵扣销项税额。属于准予抵扣的进项税额在购进当期就应依据法定扣税凭证上注明的税金或者计算扣税的税金，记入“应交税费——应交增值税（进项税额）”，将不含税价款记入“原材料”、“包装物”、“委托加工材料”、“库存商品”等账户。如果已支付的进项税额所对应的专用发票不符合要求，则进项税额不能记入“应交税费——应交增值税”账户的借方，而应记入资产或相应项目的价值。

（一）可抵扣的进项税额

1. 国内采购的货物

一般纳税人从国内采购货物，应按增值税专用发票上注明的增值税额加上按运费上注明的运费额的7%计算得出的进项税额，借记“应交税费——应交增值税（进项税额）”科目；按照增值税专用发票上注明的应计入采购成本的金额，借记“在途物资”、“材料采购”、“原材料”、“库存商品”、“周转材料”、“制造费用”、“管理费用”等科目；按应付或实际已付的价款、税费总额，贷记“应付账款”、“应付票据”、“银行存款”、“库存现金”等科目。

**［案例3－22］** 某企业购进一批材料已验收入库，取得增值税专用发票上注明价款100000元，税款17000元，运费2000元，装卸费及运输保险费1000元。全部款项已用银行存款支付。会计处理如下：

增值税进项税额 = 17000 + 2000 × 7% = 17140（元）

采购总成本 = 100000 + 2000 ×（1 − 7%）+ 1000 = 102860（元）

借：原材料　　102860

　　应交税费——应交增值税（进项税额）　　17140

　　贷：银行存款　　120000

**［案例3－23］** 某家具厂采用验单付款方式购进一批低值易耗品，收到增值税专用发票注明价款为12000元，增值税额为2040元。家具厂验单后已支付全部款项，低值易耗品尚未到达，发票已收到但本月还未认证。会计处理如下：

（1）支付货款时：

借：在途物资　　12000

　　待摊费用——待扣税金　　2040

贷：银行存款　　14040

(2) 发票认证后：

借：应交税费——应交增值税（进项税额）　　2040

贷：待摊费用——待扣税金　　2040

(3) 待货物入库时：

借：周转材料　　12000

贷：在途物资　　12000

**［案例3-24］** 某企业外购原材料10吨，每吨价款20000元，增值税专用发票上注明价款200000元，税金34000元，款已支付，原材料验收入库时发现只有9.5吨，短缺0.5吨。经查明后属于运输过程中保管不善所致，运输公司同意赔偿损坏10000元，会计处理如下：

借：原材料　　190000

待处理财产损溢——待处理流动资产损溢　　10000

应交税费——应交增值税（进项税额）　　34000

贷：银行存款　　234000

借：营业外支出　　1700

其他应收款　　10000

贷：待处理财产损溢——待处理流动资产损溢　　10000

应交税费——应交增值税（进项税额转出）　　1700

2. 接受投资的进项税额

纳税人接受投资转入的货物，按专用发票上注明的增值税，借记“应交税费——应交增值税（进项税额）”科目，按确认投资货物价值（扣税后），借记“原材料”等账户，按增值税额与货物价值的合计数，贷记“实收资本”科目。

**［案例3-25］** 大洋公司接受另一公司投资的一批材料，双方确认价值为100000元，增值税专用发票上注明：价款为85470元，税款为14530元。材料已验收入库。有关会计处理如下：

借：原材料　　85470

应交税费——应交增值税（进项税额）　　14530

贷：实收资本　　100000

3. 接受捐赠的进项税额

纳税人接受捐赠的货物，按专用发票上注明的增值税，借记“应交税费——应交增值税（进项税额）”科目，按确认捐赠货物价值（扣税后），借记“原材料”等账户，按增值税额与货物价值的合计数，贷记“营业外收入”科目。

**[案例3-26]** 大洋公司接受另一公司捐赠的一批材料，增值税专用发票上注明：价款为100000元，税款为17000元。材料已验收入库。有关会计处理如下：

借：原材料 100000

应交税费——应交增值税（进项税额） 17000

贷：营业外收入 117000

4. 接受应税劳务的进项税额

纳税人发出物资委托外单位加工时，应按发出物资的实际成本，借记“委托加工物资”科目，贷记“原材料”或“库存商品”科目。支付的加工费、运杂费和增值税等，按注明金额借记“委托加工物资”、“应交税费——应交增值税（进项税额）”科目，贷记“银行存款”等科目。

若为需要交纳消费税的委托加工物资，应分别以下情况处理：

（1）委托加工的物资收回后直接用于销售的，委托方应将受托方代收代交的消费税计入委托加工物资的成本，借记“委托加工物资”科目，贷记“应付账款”、“银行存款”等科目。

（2）委托加工的物资收回后用于连续生产应税消费品的，委托方应按准予抵扣的受托方代收代交的消费税额，借记“应交税费——应交消费税”科目，贷记“应付账款”、“银行存款”等科目。

**[案例3-27]** 甲企业委托乙企业加工一批材料，发出原材料成本为20000元，支付加工费2000元（扣税后），材料加工完成后验收入库。会计处理如下：

①发出委托材料：

借：委托加工物资 20000

贷：原材料 20000

②支付加工费：

借：委托加工物资 2000

应交税费——应交增值税（进项税额） 170

贷：银行存款 2170

③收回加工材料：

借：原材料 22000

贷：委托加工物资 22000

5. 进口物资的进项税额

纳税人进口物资，按海关进口增值税专用缴款书上注明的增值税，借记“应交税费——应交增值税（进项税额）”科目，按进口货物实际的采购成本借记“在途物资”、“原材料”等科目，按实际支付的金额，贷记“银行存款”、“应付账款”等科目。

**[案例 3-28]** 某生产型企业从国外进口一批材料，海关进口增值税专用缴款书上注明价款 100000 元，税款 17000 元，材料已验收入库。会计处理如下：

借：原材料 100000

应交税费——应交增值税（进项税额） 17000

贷：银行存款 117000

6. 收购免税农产品的进项税额

纳税人购进免税农产品，按购入农业产品的买价和规定的扣除率计算的进项税额，借记“应交税费——应交增值税（进项税额）”科目，按买价扣除按规定计算的进项税额后的差额，借记“原材料”、“材料采购”、“库存商品”等科目，按应付或实际支付的价款，贷记“应付账款”、“银行存款”等科目。

**[案例 3-29]** 甲公司从某农场购入免税农产品一批作为原材料，收购凭证上注明的收购款总计 20000 元。货物已验收入库，款项已支付。有关会计处理如下：

农产品进项税额 = 20000 × 13% = 2600（元）

原材料成本 = 20000 - 2600 = 17400（元）

借：材料采购 17400

应交税费——应交增值税（进项税额） 2600

贷：银行存款 20000

借：原材料 17400

贷：材料采购 17400

（二）不可抵扣进项税额

1. 取得普通发票的购进货物的会计处理

一般纳税人在购入货物时（不包括购进免税农业产品），只取得普通发票的，应按发票累计全部价款入账，不得将增值税分离出来进行抵扣处理。在进行会计处理时，借记“材料采购”、“原材料”、“制造费用”、“管理费用”、“其他业务成本”等科目；贷记“银行存款”、“应付票据”、“应付账款”等科目。

2. 购入用于非应税项目的货物或劳务的会计处理

企业购入货物及接受应税劳务直接用于非应税项目，如用于不动产在建工程、职工福利等，按其专用发票上注明的增值税额，计入购入货物及接受劳务的成本，借记“在建工程”、“应付职工薪酬”等科目，贷记“银行存款”等科目。需要注意，纳税人购进用于交际应酬的货物不允许抵扣进项税额。

3. 购进货物过程中发生非正常损失的会计处理

企业在货物购进过程中，如果因管理不善造成货物被盗、发生霉烂、变质产生的损失，称为非正常损失，其进项税额不得抵扣。新增值税暂行条例规定非正常损失不再包括自然灾害造成的损失。

（三）进项税额转出的会计处理

1. 将购进货物用于在建工程

一般纳税人为生产、销售购进的货物，企业支付的增值税已计入“进项税额”，若该货物购进后被用于在建工程，按规定其进项税额不得抵扣，应转入在建工程成本中。企业在将货物用于在建工程时，借记“在建工程”，贷记“应交税费——应交增值税（进项税额转出）”科目。

**［案例3-30］** 甲企业将生产用某种材料100000元（已取得专用发票），用于本企业的厂房改扩建工程。增值税率为17%。有关会计处理如下：

借：在建工程 117000

　　贷：原材料 100000

　　　　应交税费——应交增值税（进项税额转出） 17000

2. 将购进的货物用于免税项目

一般纳税人如果同时销售应税项目和免税项目，且购进货物的进项税额单独核算，用于免税项目的购进货物要作进项税额转出处理。即按照免税项目销售额与应税项目、免税项目销售额合计之比计算免税项目不予抵扣的进项税额，然后作“进项税额转出”的处理。

**[案例 3-31]** 某制药厂既生产应税药品，又生产免税药品。本月为生产免税药品领用原材料 50000 元，购进原材料时支付进项税 8500 元，会计处理如下：

借：生产成本　　58500

　　贷：原材料　　50000

　　　　应交税费——应交增值税（进项税额转出）　　8500

3. 将购进的货物用于非货币性福利

纳税人将外购的货物用于集体福利或个人消费的，其进项税额不得抵扣。企业以外购的货物作为非货币性福利提供给职工的，应当按照该产品的公允价值确定应付职工薪酬金额，其收入和成本的会计处理与正常商品销售相同，进项税额作转出处理。

**[案例 3-32]** 甲公司将外购的商品一批分给职工，该商品售价为 10000 元，进价为 8500 元（已取得专用发票），增值税率为 17%。会计处理如下：

借：生产成本　　10000

　　贷：应付职工薪酬——非货币性福利　　10000

借：应付职工薪酬——非货币性福利　　10000

　　贷：主营业务收入　　10000

借：主营业务成本　　9945

　　贷：库存商品　　8500

　　　　应交税费——应交增值税（进项税额转出）　　1445

4. 发生非正常损失

(1) 购进货物发生非正常损失。一般纳税人已申报抵扣进项税额的购进的货物发生非正常损失，其进项税额不得抵扣，应转入有关科目。借记“待处理财产损溢”科目，贷记“应交税费——应交增值税（进项税额转出）”科目。

**[案例 3-33]** 甲企业在采购原材料过程中由于意外事故造成损失，损失价值 200000 元，增值税率为 17%。后经主管部门批准，该损失作为营业外支出处理。会计处理如下：

借：待处理财产损溢——待处理流动资产损溢　　234000

贷：库存商品　200000

应交税费——应交增值税（进项税额转出）　34000

借：营业外支出　234000

贷：待处理财产损溢——待处理流动资产损溢　234000

（2）以购进货物为对象加工的在产品发生的非正常损失。在这种情况下，由于非正常损失的在产品实际成本中包括料、工、费，而其中的直接人工及制造费用中的折旧费等是不允许扣除进项税额的，因此不能以损失存货的成本乘以税率直接转出进项税额，而需要参照纳税人有关产品成本资料加以核算。

**［案例3-34］** 某电灯生产企业因仓库保管不善造成处于在产品状态的100台电灯损坏，每台电灯所耗材料成本为50元，成本扣除率为30%，增值税率为17%，会计处理如下：

不允许抵扣的进项税额＝100×50×30%×17%＝255（元）

借：待处理财产损溢——待处理流动资产损溢　5255

贷：库存商品　5000

应交税费——应交增值税（进项税额转出）　255

（四）进项税额会计处理的综合案例

某企业为一般纳税人，2009年1月发生下列经济业务，请分别作出相应的会计处理：

（1）购进原材料一批，专用发票上注明的价款为20万元，增值税率为17%，运费1500元，装卸费500元。将有关凭证与合同核对无误，以银行存款支付全部款项，材料未到。材料到达，验收入库时发现材料损坏，价值2万元，损坏原因为保管不善。

购进材料的进项税额＝200000×17%＝34000（元）

运费抵扣进项税额＝1500×17%＝255（元）

损毁材料应负担的进项税额＝20000×17%＝3400（元）

材料价值＝200000＋（1500－255）＋500＝201745（元）

借：材料采购　201745

应交税费——应交增值税（进项税额）　34255

贷：银行存款　236000

借：待处理财产损溢——待处理流动资产损溢　23400

贷：原材料 20000

应交税费——应交增值税（进项税额） 3400

借：营业外支出 23400

贷：待处理财产损溢——待处理流动资产损溢 23400

(2) 接受投资转入材料一批，专用发票上注明原材料的价值 100000 元，增值税税额 17000 元。接受捐赠材料一批，材料价值 23400 元，材料已验收入库。

借：原材料 100000

应交税费——应交增值税（进项税额） 17000

贷：实收资本 117000

借：原材料 20000

应交税费——应交增值税（进项税额） 3400

贷：营业外收入 23400

(3) 进口材料一批，完税价格为 1000000 元，关税 1100000 元，消费税 200000 元。海关进口增值税专用缴款书上注明的增值税额为 391000 元。款项均以银行存款支付。

借：材料采购 2300000

应交税费——应交增值税（进项税额） 391000

贷：银行存款 2691000

(4) 购进设备一台自用，其价款为 100000 元，税款 17000 元。根据普通发票所列金额，以银行存款支付。

借：固定资产 100000

应交税费——应交增值税（进项税额） 17000

贷：银行存款 117000

(5) 购进农产品一批，用于生产原料。主管税务机关批准使用的收购凭证上注明的价款为 100000 元。款项以银行存款支付，农业产品已验收入库。

可以抵扣的进项税额 = 100000 × 13% = 13000（元）

借：原材料 87000

应交税费——应交增值税（进项税额） 13000

贷：银行存款 100000

(6) 从小规模纳税企业购进材料一批，价款为103000元。材料已验收入库，款项尚未支付。

借：原材料　　103000

　贷：应付账款　　103000

## 四、增值税转型的会计处理

2008年11月5日国务院通过修订的《中华人民共和国增值税暂行条例》，自2009年1月1日起施行消费型增值税。增值税转型后，纳税人下列项目的进项税额按照有关规定可予以抵扣：购进（包括接受捐赠和实物投资）固定资产；用于自制（含改扩建、安装）固定资产的购进货物或应税劳务；通过融资租赁方式取得的固定资产（出租方缴纳增值税的）；为固定资产所支付的运输费用。

为了进一步探讨增值税转型的会计处理，这里重点对增值税转型所涉及到的固定资产业务作较为详尽的讲解。

（一）转型试点与全面转型的会计处理差异分析

东北地区、中部六省等增值税转型试点阶段，由于当时采取增量抵扣，实际操作时，实行按新增增值税税额计算退税的办法，实行按季退税。而2009年1月1日在全国所有地区、所有行业全面推行的消费型增值税则实行全额抵扣，而不再采用退税模式退还企业固定资产购进环节的增值税，因此，增值税全面转型后的会计处理与转型试点阶段的会计处理存在较大差别。下面对此进行比较。

1. 转型试点阶段的会计处理

由于转型试点阶段采取增量抵扣、期末退税的制度，因此增值税的相关会计处理按照以下模式操作：

实行增值税转型试点的企业应在“应交税费”科目下增设“应抵扣固定资产增值税”明细科目，该明细科目下增设“固定资产进项税额”、“固定资产进项税额转出”、“已抵扣固定资产进项税额”等专栏：

(1)“固定资产进项税额”专栏，记录企业购入固定资产或应税劳务等而支付的、准予抵扣的增值税进项税额。企业购入固定资产或应税劳务支付的进项税额，用蓝字登记；退回所购固定资产应冲销的进项税额，用红字登记。

(2)“固定资产进项税额转出”专栏，记录企业购进的固定资产因某些原因而不能抵扣，按规定转出的进项税额。

(3)“已抵扣固定资产进项税额”专栏，记录企业已抵扣的固定资产增值税进项税额。

实行增值税转型试点的企业，还应在“应交税费——应交增值税”科目下增设“新增增值税额抵扣固定资产进项税额”专栏，该专栏用于记录企业以当年新增的增值税额抵扣的固定资产进项税额。

企业在国内采购固定资产，按照专用发票上注明的增值税额，借记“应交税费——应抵扣固定资产增值税（固定资产进项税额）”科目，按照专用发票上记载的应计入固定资产价值的金额，借记“固定资产”等科目，按照应付或实际支付的金额，贷记“应付账款”、“应付票据”、“银行存款”、“长期应付款”等科目。如果购入固定资产发生退货，则需要作相反的会计处理。

为购进固定资产所支付的运输费用，按照可以抵扣的金额，借记“应交税费——应抵扣固定资产增值税（固定资产进项税额）”科目，按照应计入固定资产、工程物资等价值的金额，借记“固定资产”、“在建工程”、“工程物资”等科目，按照应付或实际支付的金额，贷记“应付账款”、“应付票据”、“银行存款”、“长期应付款”等科目。

企业购入固定资产时已按规定将增值税进项税额记入“应交税费——应抵扣固定资产增值税（固定资产进项税额）”科目的，如果相关固定资产专用于非应税项目，或专用于免税项目和专用于集体福利和个人消费，以及将固定资产供不适用转型会计核算范围的机构使用等，应将原已记入“应交税费——应抵扣固定资产增值税（固定资产进项税额）”科目的金额予以转出，借记有关科目，贷记“应交税费——应抵扣固定资产增值税（固定资产进项税额转出）”科目。

2. 增值税全面转型后的会计处理

2009 年 1 月 1 日开始推行的消费型增值税，是一次彻底的增值税转型改革。允许企业将购买固定资产的进项税额进行全额抵扣，这样一来，就不需要再设立“应交税费——应抵扣固定资产增值税”和“应交税费——应交增值税（新增增值税额抵扣固定资产进项税额）。

而固定资产购进环节的增值税就像购进原材料、存货等的增值税一样，直接在当期销项税额中抵扣。因此，直接通过“应交税费——应交增值税（进项税额）核算。而其他形式的固定资产获取方式所涉及到的增值税进项税额的处理模式与购进类同。

（二）消费型增值税下的会计处理

1. 国内采购固定资产的会计处理

国内采购的固定资产，按照专用发票上注明的增值税额，借记“应交税费——应交增值税（进项税额）”科目，按照专用发票上记载的应计入固定资产价值的金额，借记“固定资产”等科目，按照应付或实际支付的金额，贷记“应付账款”、“应付票据”、“银行存款”、“长期应付款”等科目。购入固定资产发生的退货，作相反的会计处理。为购进固定资产所支付的运输费用，按照可以抵扣的金额，借记“应交税费——应交增值税（进项税额）”科目，按照应计入固定资产、工程物资等价值的金额，借记“固定资产”、“在建工程”、“工程物资”等科目，按照应付或实际支付的金额，贷记“应付账款”、“应付票据”、“银行存款”、“长期应付款”等科目。

**［案例 3-35］** A公司购入生产用设备一台，增值税专用发票上注明价款200000元，增值税34000元，支付运输费20000元。已取得增值税合法抵扣凭证，款项均以银行存款支付。会计处理如下：

应抵扣固定资产增值税额 = 34000 + 20000 × 7% = 35400（元）

借：固定资产　　218600

　　应交税费——应交增值税（进项税额）　　35400

　　贷：银行存款　　254000

企业购入固定资产时已按规定将增值税进项税额记入“应交税费——应交增值税（进项税额）”科目的，如果相关固定资产专用于非应税项目，不允许抵扣的不动产项目，或专用于免税项目和专用于集体福利和个人消费等，应将原已记入“应交税费——应交增值税（进项税额）”科目的金额予以转出，借记有关科目，贷记“应交税费——应交增值税（进项税额转出）”科目。

2. 接受捐赠转入的固定资产的会计处理

接受捐赠转入的固定资产，按照专用发票上注明的增值税额，借记“应交税费——应交增值税（进项税额）”科目，按照确认的固定资产价值（已扣除增值税，下同），借记“固定资产”、“工程物资”等科目；如果捐出方代为支付了固定资产进项税额，则按照增值税进项税额与固定资产价值的合计数，贷记“营业外收入”等科目。

**[案例3-36]** A企业接受捐赠新固定资产一台，发票价格为100000元，增值税17000元，支付运输费1000元。增值税由A企业支付，各项合法凭证均已取得，款项以银行存款支付。会计处理如下：

借：固定资产　　100930

　　应交税费——应交增值税（进项税额）　　17070

　　贷：营业外收入　　117000

　　　　银行存款　　1000

（三）接受投资转入的固定资产的会计处理

接受投资转入的固定资产，按照专用发票上注明的增值税额，借记“应交税费——应交增值税（进项税额）”科目，按照确认的固定资产价值，借记“固定资产”、“工程物资”等科目，按照增值税与固定资产价值的合计数，贷记“实收资本”等科目。

（四）自行建造的固定资产的会计处理

**[案例3-37]** 某企业自行建造一大型器械，为工程购入各种专用物资100000元，支付增值税17000元，专用物资于当期全部用于工程建设。另外，还领用了企业生产用原材料一批，实际成本为60000元。工程交付使用。会计处理如下：

（1）购入工程物资：

借：工程物资　　100000

　　应交税费——应交增值税（进项税额）　　17000

　　贷：银行存款　　117000

（2）领用工程物资：

借：在建工程——建筑工程　　100000

　　贷：工程物资　　100000

（3）工程领用原材料：

借：在建工程——建筑工程（仓库）　　60000

　　贷：原材料　　60000

（五）进口固定资产的会计处理

进口固定资产，按照海关进口增值税专用缴款书上注明的增值税额，借记“应交税费——应交增值税（进项税额）”科目，借记“固定资产”、“工程物资”等科目，按照应付或实际支付的金额，贷记“应付账款”、“应付票据”、“银行存款”、“长期应付款”等科目。

提醒读者注意的是，对于本期发生的可抵扣固定资产进项税额应在固定资产进项税额抵扣情况表中登记，样表如表3－3所示。

**表3－3　　固定资产进项税额抵扣情况表**

纳税人识别号：　　　　纳税人名称（公章）：

填表日期：　年　月　日　　　　金额单位：元至角分

| 项　目 | 当期申报抵扣的固定资产进项税额 | 当期申报抵扣的固定资产进项税额累计 |
|---|---|---|
| 增值税专用发票 | | |
| 海关进口增值税专用缴款书 | | |
| 合　计 | | |

注：本表一式二份，一份纳税人留存，一份主管税务机关留存

（六）视同销售固定资产的会计处理

1. 企业将自制或委托加工的固定资产用于非应税或免税项目，应视同销售货物计算应交增值税，借记“在建工程”等科目，贷记“应交税费——应交增值税（销项税额）”科目。

2. 企业将自制、委托加工或购进的固定资产（包括接受捐赠取得的固定资产及投资者投入的固定资产）作为投资，提供给其他单位或个体经营者，应按视同销售货物计算应交的增值税，借记“长期股权投资”科目，贷记“应交税费——应交增值税（销项税额）”科目。

3. 企业将自制、委托加工或购进的固定资产分配给股东或投资者，应按视同销售货物计算应交的增值税，借记“利润分配——应付普通股股利”科目，贷记“应交税费——应交增值税（销项税额）”科目。

4. 企业将自制、委托加工的固定资产用于集体福利和个人消费，应按视同销售货物计算应交的增值税，借记“应付职工薪酬”等科目，贷记“应交税费——应交增值税（销项税额）”科目。

5. 企业将自制、委托加工或购进的固定资产无偿赠送他人，应按视同销售货物计算应交的增值税，借记“营业外支出”科目，贷记“应交税费——应交增值税（销项税额）”科目。

[案例 3-38] 某大型机械生产企业 A，10 月份发生下列业务：

(1) 10 月 10 日，A 企业将一套自制的价值 1000000 元大型设备用于该企业内部生产，设备成本为 800000 元，会计处理如下：

借：固定资产　　970000

　贷：库存商品　　800000

　　应交税费——应交增值税（销项税额）　　170000

(2) 10 月 22 日，A 企业将交付使用的大型设备作为股利分配给股东。会计处理如下：

借：利润分配——应付股利　　1170000

　贷：固定资产　　1000000

　　应交税费——应交增值税（销项税额）　　170000

(3) 10 月 29 日，A 企业向当地红十字会捐赠一台价值 50000 元的生产用固定资产。会计处理如下：

借：营业外支出　　58500

　贷：固定资产　　50000

　　应交税费——应交增值税（销项税额）　　8500

（七）销售本企业已使用过的固定资产

《财政部、国家税务总局关于实施增值税转型改革若干问题的通知》（财税[2008] 170 号）规定：自 2009 年 1 月 1 日起，纳税人销售自己使用过的固定资产（以下简称已使用过的固定资产），应区分不同情形征收增值税：(1) 销售自己使用过的 2009 年 1 月 1 日以后购进或者自制的固定资产，按照适用税率征收增值税；(2) 2008 年 12 月 31 日以前未纳入扩大增值税抵扣范围试点的纳税人，销售自己使用过的 2008 年 12 月 31 日以前购进或者自制的固定资产，按照 4%征收率减半征收增值税；(3) 2008 年 12 月 31 日以前已纳入扩大增值税抵扣范围试点的纳税人，销售自己使用过的在本地区扩大增值税抵扣范围试点以前购进或者自制的固定资产，按照 4%征收率减半征收增值税；销售自己使用过的在本地区扩大增值税抵扣范围试点以后购进或者自制的固定资产，按

照适用税率征收增值税。[①]

提醒读者注意的是，这里所称已使用过的固定资产，是指纳税人根据财务会计制度已经计提折旧的固定资产。[②]

企业销售本企业已使用过的固定资产，如该项固定资产原取得时间为2009年1月1日之后，其增值税进项税额已记入“应交税费——应交增值税（进项税额）”科目的，销售时计算确定的增值税销项税额，应借记“固定资产清理”科目，贷记“应交税费——应交增值税（销项税额）”科目。

**[案例3-39]** 甲企业出售一台使用过的设备，原价234000元（含增值税），购入时间为2009年3月，假定2012年3月出售。该设备恰好已使用3年，折旧年限为10年，采用直线法折旧，不考虑净残值。售价为210600元（含增值税），该设备适用17%的增值税税率。假设该项固定资产取得时，增值税进项税额已记入“应交税费——应交增值税（进项税额）”科目，会计处理如下：

（1）固定资产清理时：

由于固定资产是在增值税转型后购入的，则固定资产原价＝234000÷（1＋17%）＝200000（元）

3年累积计提折旧＝（200000÷10）×3＝60000（元）

销售时缴纳增值税金额＝［210600÷（1＋17%）］×17%＝30600（元）

借：固定资产清理　　140000

　　累计折旧　　60000

　　贷：固定资产　　200000

（2）收到价款时：

借：银行存款　　210600

　　贷：固定资产清理　　180000

　　　　应交税费——应交增值税（销项税额）　　30600

---

① 一般纳税人销售自己使用过的除固定资产以外的物品，应当按照适用税率征收增值税。

② 提醒读者注意，已使用过的固定资产强调是已经计提过折旧的固定资产，要注意与旧货区别。旧货是指进入二次流通的具有部分使用价值的货物（含旧汽车、旧摩托车和旧游艇），但不包括自己使用过的物品。《财政部、国家税务总局关于部分货物适用增值税低税率和简易办法征收增值税政策的通知》（财税［2009］9号）规定，纳税人销售旧货，按照简易办法依照4%征收率减半征收增值税。

借：固定资产清理　　　　　　　　　　　　　　　　　　40000

　　贷：营业外收入　　　　　　　　　　　　　　　　　　40000

值得注意的是，如果设备购入时间为2009年1月1日之前，设备出售之日为2009年1月1日之后，则设备出售视为旧货销售，按照不含税销售额与4%的征收率减半征收增值税。

## 五、出口退税的会计处理

出口货物退税有三类不同政策，其对应的退税办法存在差异。相应地，出口退税的会计处理也存在差异：(1) 出口不免税也不退税的货物，这类货物的出口视为国内销售进行处理；(2) 出口免税不退税的货物，这类出口货物免征出口环节增值税，而出口前一环节没有征收过增值税，就不必退税，所以没有会计处理问题。(3) 出口免税并退税的货物，这类出口货物免征本企业出口销售环节增值税，并且在报关出口后根据国家出口退税政策计算并退还出口前国内其他环节已负担的增值税额。

(一) 外贸企业出口货物退税的会计处理

在购进外贸企业收购出口的货物时，按照增值税专用发票上记载的应记入采购成本的金额，借记“材料采购”、“在途物资”等，应按照增值税专用发票上注明的增值税额，借记“应交税费——应交增值税（进项税额）”科目，按照应付或实际支付的金额，贷记“应付账款”、“银行存款”等科目。出口货物销售后，结转成本时，借记“主营业务成本”科目，贷记“库存商品”科目。按照出口货物购进时取得的增值税专用发票上记载的进项税额或应分摊的进项税额计算退税额的差额，借记“主营业务成本”科目，贷记“应交税费——应交增值税（进项税额转出）”科目。

**[案例3-40]** 某服装进出口公司从国内采购布料出口，从生产企业取得的增值税专用发票上注明价款500000元，增值税85000元，款项已付，出口离岸价额581000元，并办理了出口退税手续，退税率为15%。会计处理如下：

应退税额 = 500000 × 15% = 75000（元）

不予退税额 = 500000 × （17% − 15%） = 10000（元）

(1) 购进出口商品：

借：库存商品　500000

　　应交税费——应交增值税（进项税额）　85000

　　贷：银行存款　585000

（2）销售商品：

借：应收账款　581000

　　贷：主营业务收入　581000

（3）结转成本：

借：主营业务成本　500000

　　贷：库存商品　500000

（4）计算不予退还的进项税额：

借：主营业务成本　10000

　　贷：应交税费——应交增值税（进项税额转出）　10000

（5）计算应收出口退税款：

借：其他应收款　65000

　　贷：应交税费——应交增值税（出口退税）　65000

（6）收到退税款：

借：银行存款　65000

　　贷：其他应收款　65000

（二）生产企业出口货物“免、抵、退”税的会计处理

实行“免、抵、退”税办法有进口经营权的生产性企业，出口货物免税时，按出口货物离岸价格，借记“银行存款”、“应收账款”等账户，贷记“主营业务收入”账户；按规定计算的当期出口货物不予免征、抵扣和退税的税额，计入出口货物成本，借记“主营业务成本”账户，贷记“应交税费——应交增值税（进项税额转出）”账户；当期应予抵扣的税额，借记“应交税费——应交增值税（出口抵减内销产品应纳税额）”账户；未全部抵扣的应纳税额，借记“其他应收款”账户，贷记“应交税费——应交增值税（出口退税）”账户；收到退回的税款，借记“银行存款”账户，贷记“其他应收款”账户。

**［案例3－41］** 某企业为生产型出口企业，实行“免、抵、退”税方式，该产品的征税率为17%，退税率为15%。2009年2月份有关资料如下：

（1）购进原材料取得增值税专用发票上注明价款5000000元，税款850000

元，款项已付，货物已入库。

（2）内销一批产品不含税销售额为2500000元。款项已收到。

（3）报关出口一批产品，离岸价为332000美元（当天人民币汇率中间价为1:6.25），款项尚未收到。

计算该月应退税额并作会计处理。

2009年2月份的会计处理如下：

当期不得抵扣进项税额＝2075000×（17%－15%）＝41500（元）

当期应纳税额＝2500000×17%－（850000－41500）＝－383500（元）

当期免抵退税额＝332000×6.25×15%＝311250（元）

当期应纳税额为负数，且其绝对值383500元＞当期免抵退税额311250元

当期应退税额＝当期免抵退税额＝311250元

当期免抵税额＝311250－311250＝0

结转下期留抵税额＝383500－311250＝72250（元）

（1）购进原材料：

借：原材料　　5000000

　　应交税费——应交增值税（进项税额）　　850000

　　贷：银行存款　　5850000

（2）内销货物：

借：银行存款　　2925000

　　贷：主营业务收入——内销　　2500000

　　　　应交税费——应交增值税（销项税额）　　425000

（3）出口货物：

借：应收账款——美元户　　2075000

　　贷：主营业务收入——出口　　2075000

借：主营业务成本　　41500

　　贷：应交税费——应交增值税（进项税额转出）　　41500

（4）申报出口免抵退税时：

借：其他应收款　　311250

　　贷：应交税费——应交增值税（出口退税）　　311250

（5）收到退税时：

借：银行存款　　311250

　　贷：其他应收款　　311250

(6) 结转下期留抵税额：

借：应交税费——未交增值税　　72250

　　贷：应交税费——应交增值税（转出多交增值税）　　72250

上述2月份增值税会计处理如图3-3所示。

**应交税费——应交增值税**

| 进项税额 | 850000 | 不得抵减税额<br>销项税额 | 41500<br>42500 |
|---|---|---|---|
| 应纳税额<br>免抵税额<br>结转下期留抵税额 | 383500<br>0<br>72250 | 免抵退税额 | 311250 |

图3-3

若上例中购进货物的进项税额为500000元，则相关会计处理为：

当期应纳税额 = 425000 - （500000 - 41500） = -33500（元）

当期应纳税额的绝对值33500元 < 当期免抵退税额311250元

当期应退税额 = 当期应纳税额 = 33500元

当期免抵税额 = 当期免抵退税额 - 当期应退税额

　　　　　　= 311250 - 33500 = 277750（元）

借：其他应收款　　33500

　　应交税费——应交增值税（出口抵减内销产品应纳税额）

　　　　277750

　　贷：应交税费——应交增值税（出口退税）　　311250

## 六、增值税特殊会计处理

（一）增值税先征后返、即征即退的会计处理

税法规定对符合条件的应税事项，采用增值税即征即退办法的，企业在向主管税务机关办理增值税纳税的同时，办理增值税退税手续，只是办理缴、退手续，

现金并没有实际流动。反映上缴增值税时,凭有关单据,作会计处理如下:

借:应交税费——应交增值税(已交税金)/应交税金——未交增值税

贷:银行存款

同时,按即退税额:

借:银行存款

贷:应交税费——应交增值税(已交税金)/应交税金——未交增值税

当采用增值税先征后返办法时,企业应正常计税,并按规定纳税期限正常缴税。当企业实际收到返回的增值税时,作会计处理如下:

借:银行存款

贷:营业外收入

也可以通过“其他应收款”反映应收和实收过程,会计处理如下:

借:其他应收款——增值税退税款

贷:营业外收入

借:银行存款

贷:其他应收款——增值税退税款

(二)一般纳税人直接减免增值税的会计处理

1.部分产品(商品)免税

月份终了,按免税主营业务收入和适用税率计算出销项税额,然后减去按税法规定方法计算的应分摊的进项税额,其差额即为当月销售免税货物应免征的税额。

结转免税产品应分摊的进项税额,会计处理如下:

借:主营业务成本(应分摊的进项税额)

贷:应交税费——应交增值税(进项税额转出)

结转免税产品(商品)销项税额时,会计处理如下:

借:主营业务收入

贷:应交税费——应交增值税(销项税额)

结转免缴增值税税额时,会计处理如下:

借:应交税费——应交增值税(减免税款)

贷:营业外收入

2.全部产品(商品)免税

按税法规定，全部产品都免税，企业应在月终将免税主营业务收入参照上年度实现的增值率计算出增值额，并将其折算为不含税增值额，然后依适用税率，计算应免缴增值税税额。根据上述计算结果，作会计处理如下：

(1) 计算免缴税额：

借：主营业务收入

　　贷：应交税费——应交增值税（销项税额）

(2) 结转免缴税额：

借：应交税费——应交增值税（减免税款）

　　贷：营业外收入

（三）销售价格明显偏低又无正当理由的会计处理

《增值税暂行条例》第七条规定："纳税人销售货物或者应税劳务的价格明显偏低并无正当理由的，由主管税务机关核定其销售额，核定的原则和顺序为，按纳税人当月同类货物的平均销售价格确定；按纳税人最近时期同类货物的平均销售价格确定；按组成计税价格确定。"

**[案例 3-42]** A 公司 10 月份批发甲商品 1000 件，每件不含税单价为 60 元，销售额为 60000 元，销项税额为 10200 元，由于价格明显偏低，又无正当理由，税务机关依照当月同类货物的平均销售价格核定其销售额为 100000 元，即每件不含税单价为 100 元，销项税为 17000 元。会计处理为：

| |  |  |
|---|---|---|
| 借：应收账款 | 70200 | |
| 　　贷：主营业务收入——甲商品 | | 60000 |
| 　　　　应交税费——应交增值税（销项税额） | | 10200 |

以上会计处理显然使国家税款遭受损失，所以应按税法规定对其进行调整，作如下账务调整：

(1) 企业向购货方补收货款：

| |  |  |
|---|---|---|
| 借：应收账款 | 46800 | |
| 　　贷：主营业务收入——甲商品 | | 40000 |
| 　　　　应交税费——应交增值税（销项税额） | | 6800 |

(2) 企业自行负担税款：

| |  |  |
|---|---|---|
| 借：利润分配——未分配利润 | 46800 | |
| 　　贷：主营业务收入——甲商品 | | 40000 |

应交税费——应交增值税（销项税额）　　6800

（四）增值税漏记或多抵税款的会计处理

1. 将不得抵扣的进项税额抵扣

企业购进货物或劳务用于机器设备类固定资产则允许抵扣进项税额，用于不动产在建工程则不允许抵扣进项税额。如果已提前抵扣要作冲回处理。若属以前年度错记的税额，调整时应补交城建税及教育费附加，借记“以前年度损益调整”科目，贷记“应交税费”、“其他应交款”科目。

**［案例3-43］** A公司将用于不动产在建工程取得的增值税专用发票抵扣联注明的增值税额100000元记入“进项税额”。

（1）若属当年错记，调整时应作会计处理如下：

借：固定资产　　100000

　　贷：应交税费——应交增值税（进项税额）　　100000

（2）若属以前年度错记，调整时会计处理为：

借：固定资产　　100000

　　贷：应交税费——应交增值税（已交税费）　　100000

以前年度损益调整：

借：固定资产　　100000

　　以前年度损益调整　　10000

　　贷：应交税费——未交增值税　　100000

　　　　　　　　——应交城建税　　7000

　　　　其他应交款——教育费附加　　3000

2. 未按视同销售处理

未按视同销售处理的行为，发现后也应及时作出调整。若为当期错记，可以直接按视同销售处理补交增值税；若为以前年度错记，则应冲减已交税金。

**［案例3-44］** 某企业将自已生产的产品用于企业内部工程改造，产品价值为20000元，成本为15000元。原来没有按视同销售处理计算增值税。

（1）若为当年发现，调整时应作如下会计处理：

借：在建工程　　3400

　　贷：应交税费——应交增值税（销项税额）　　3400

（2）若属以前年度错记，调整时作如下会计处理：

借：在建工程　　8400

　　贷：以前年度损益调整　　5000

　　　　应交税费——应交增值税（已交税金）　　3400

3. 价外费用未计入销售额

企业销售货物时，凡在价外收取的各项费用，均应计入销售额一并核算。如果企业发现漏计，应予以调整。

**[案例3-45]**　某企业12月份销售甲产品一批，另外加收手续费3000元，开具增值税专用发票。企业将手续费记入“营业外收入”，但未作价外费用计算缴纳增值税。按税法规定，应计算补缴增值税。

补缴增值税额＝3000÷（1＋17%）×17%＝436（元）

（1）若属本年错账，本年调整时作如下会计处理：

借：营业外收入　　3000

　　贷：其他业务收入　　2564

　　　　应交税费——应交增值税（销项税额）　　436

（2）若属以前年度错账，本年调整时作如下会计处理：

借：以前年度损益调整　　436

　　贷：应交税费——应交增值税（已交税金）　　436

（五）查补增值税款的会计处理

纳税人交纳的增值税经税务机关检查后，需要补缴增值税款，应进行相应的会计调整。需要设立“应交税费——增值税检查调整”科目。检查后需要调减进项税额、调增销项税额和进项税额转出的数额，借记有关账户，贷记该账户；需要调增进项税额、调减销项税额和进项税额转出的数额，借记该账户，贷记有关账户。

**[案例3-46]**　某生产型企业为增值税一般纳税人。12月份增值税纳税有关资料为：销项税额200000元，进项税额212000元。“应交税费——应交增值税”账户借方余额为12000元。

次年2月5日，税务机关对其检查时发现有两笔业务处理错误：

（1）12月11日，对外捐赠产品一批，成本价为60000元，无同类产品售价，企业作如下会计处理：

借：营业外支出　　60000

贷：库存商品 60000

(2) 12月28日，为基建工程购入材料23400元，企业已作如下会计处理：

借：在建工程 20000

应交税费——应交增值税（进项税额） 3400

贷：银行存款 23400

针对上述问题，应作查补税款的会计处理如下：

(1) 企业对外捐赠产品应视同销售，计算销项税额，无同类产品售价的应按计税价格计算。而企业按成本直接转账，未计销项税额的行为属于偷税行为。

销项税额 = 60000 × （1 + 10%） × 17% = 11220（元）

账务调整如下：

借：营业外支出 11220

贷：应交税费——增值税检查调整 11220

(2) 企业用于非应税项目的购进货物，其进项税额不得抵扣，企业这种多报进项税额的行为，属偷税行为。

账务调整如下：

借：在建工程 3400

贷：应交税费——增值税检查调整 3400

确定企业偷税额，并按偷税额处1倍罚款。

偷税额 = 不报销项税额 + 多报进项税额 = 11220 + 3400 = 14620（元）

罚款额 = 偷税额 = 14620元

确定应补缴税额 = 212000 - 200000 + 14620 = 26620（元）

会计处理如下：

借：应交税费——增值税检查调整 14620

利润分配——未分配利润 14620

贷：应交税费——未交增值税 2620

——应交增值税 12000

其他应交款——税收罚款 14620

补缴税款及罚款：

借：应交税费——未交增值税 2620

其他应交款——税收罚款　　14620

贷：银行存款　　17240

（六）小规模纳税人的会计处理

1. 账簿设置

小规模纳税人可在“应交税费”总账户下设置“应交增值税”明细账户，对增值税进行明细分类核算。该明细账的贷方登记按计税依据与征税率计算的应纳税额；借方登记已缴纳的增值税额；期末贷方余额表示应交未交的增值税，借方余额表示多交的增值税。

2. 购进货物的会计处理

简易办法计算应纳增值税的小规模纳税人，购进货物或接受劳务时，不论是否取得增值税专用发票，其支付给销售方的增值税额都不得抵扣，而应计入购进货物或接受劳务的成本。依据这一特点，在会计处理时，应按全部价款和税款，借记“在途物资”、“原材料”、“库存商品”、“管理费用”、“主营业务成本”、“制造费用”等科目，贷记“银行存款”、“应付账款”等科目。

3. 销售货物的会计处理

小规模纳税人一般不得为购货方开具增值税专用发票，如果购货方特别提出开具专用发票的要求，小规模纳税人应持普通发票前往税务机关换开专用发票。无论是否开具专用发票，小规模纳税人均按实现的应税收入和征税率计算应纳税额，并计入“应交税费——应交增值税”账户。实现销售时，按价格合计数，借记“银行存款”、“应收账款”等科目；按不含税的销售额，贷记“主营业务收入”、“其他业务收入”等科目，按规定收取的增值税，贷记“应交税费——应交增值税”科目。

**［案例 3－47］** 某小规模纳税企业发生下列经济业务：

（1）本期购进商品的价款 100000 元，税款 17000 元，支付运费 2000 元，装卸费 1000 元。上述款项均以银行存款支付。

借：库存商品　　120000

贷：银行存款　　120000

（2）本期销售商品 200000 元（含税），收取包装费 15000 元。款项全部收到。

不含税的销售额＝200000÷（1＋3%）＝194174.76（元）

不含税包装费 = 15000 ÷ (1 + 3%) = 14563.1(元)

应纳增值税额 = (194174.76 + 14563.1) × 3% = 6262.1(元)

借:银行存款　　　　214999.96

　　贷:主营业务收入　　　　194174.76

　　　　其他业务收入　　　　14563.10

　　　　应交税费——应交增值税　　　　6262.10

(3)本期销售退回10000元(扣税后)。

借:主营业务收入　　　　10000

　　应交税费——应交增值税　　　　300

　　贷:银行存款　　　　10300

本期应纳增值税额 = 6262.1 − 300 = 5962.1(元)

期末,小规模纳税人根据"应交税费——应交增值税"科目期末贷方金额,确定应缴纳增值税金额。按规定的纳税期限上缴税款时,借记"应交税费——应交增值税"科目,贷记"银行存款"等科目。小规模纳税人增值税纳税申报表如表3-4所示。

**表3-4　　增值税纳税申报表**(适用小规模纳税人)

纳税人识别号:□□□□□□□□□□□□□□□□□□□□

纳税人名称(公章):　　　　金额单位:元(列至角分)

税款所属期:　年　月　日至　年　月　日　　　　填表日期:　年　月　日

| | 项　目 | 栏　次 | 本期数 | 本年累计 |
|---|---|---|---|---|
| 一、计税依据 | (一)应征增值税货物及劳务不含税销售额 | 1 | | |
| | 其中:税务机关代开的增值税专用发票不含税销售额 | 2 | | |
| | 　　税控器具开具的普通发票不含税销售额 | 3 | | |
| | (二)销售使用过的应税固定资产不含税销售额 | 4 | — | — |
| | 其中:税控器具开具的普通发票不含税销售额 | 5 | — | — |
| | (三)免税货物及劳务销售额 | 6 | | |
| | 其中:税控器具开具的普通发票销售额 | 7 | | |
| | (四)出口免税货物销售额 | 8 | | |
| | 其中:税控器具开具的普通发票销售额 | 9 | | |

续表

<table>
<tr><td rowspan="7">二、税款计算</td><td colspan="2">项　　目</td><td>栏　次</td><td>本期数</td><td>本年累计</td></tr>
<tr><td colspan="2">本期应纳税额</td><td>10</td><td></td><td></td></tr>
<tr><td colspan="2">本期应纳税额减征额</td><td>11</td><td></td><td></td></tr>
<tr><td colspan="2">应纳税额合计</td><td>12 = 10 - 11</td><td></td><td></td></tr>
<tr><td colspan="2">本期预缴税额</td><td>13</td><td></td><td></td></tr>
<tr><td colspan="2">本期应补（退）税额</td><td>14 = 12 - 13</td><td></td><td></td></tr>
<tr><td colspan="2"></td><td></td><td></td><td></td></tr>
<tr><td colspan="2" rowspan="4">纳税人或代理人声明：<br>此纳税申报表是根据国家税收法律的规定填报的，我确定它是真实的、可靠的、完整的。</td><td colspan="4">如纳税人填报，由纳税人填写以下各栏：</td></tr>
<tr><td colspan="4">办税人员（签章）：　　　　财务负责人（签章）：<br>法定代表人（签章）：　　　联系电话：</td></tr>
<tr><td colspan="4">如委托代理人填报，由代理人填写以下各栏：</td></tr>
<tr><td colspan="4">代理人名称：　　　　经办人（签章）：<br>代理人（公章）：　　　联系电话：</td></tr>
</table>

受理人：　　　　受理日期：　　年　月　日　　受理税务机关（签章）：

本表为 A3 竖式一式三份，一份纳税人留存，一份主管税务机关留存，一份征收部门留存

## 七、增值税会计处理与税务处理的差异分析

增值税的计算依据是现行增值税条例及相关政策，财务会计的核算依据是企业会计准则和会计制度。两者的目标及依据的差异导致会计增值额与税法增值额、会计销售额与税法销售额口径不一致，按会计增值额计算的增值税与按税法计算的增值税之间存在一定的差异，从而产生了增值税会计处理与税务处理的差异。

（一）价外费用的处理

税法规定，作为增值税计税依据的销售额是指纳税人销售货物或提供应税劳务向购买方收取的全部价款和价外费用的总和，而企业会计准则中的收入并不包括为第三方或客户代收的款项。在会计核算中，价外费用并不计入“主营业务收入”或“其他业务收入”科目。这样一来，就形成会计与税法在计税依

据上的差异。

（二）视同销售行为的处理

企业会计准则规定，商品销售收入必须同时满足以下五个条件才能确认：一是企业已将商品所有权上的主要风险和报酬转移给购货方；二是企业既没有保留通常与所有权相联系的继续管理权，也没有对已售出的商品实施有效控制；三是收入的金额能够可靠地计量；四是相关的经济利益很可能流入企业；五是相关的已发生或将发生的成本能够可靠地计量。因此，对企业将货物交付他人代销、代销他人货物或将货物用于集体福利、个人消费、非应税项目、投资、赞助、广告、捐赠、分配等视同销售行为，会计制度规定可按成本转账，不确认收入，不计提增值税，同时也不增加应纳税所得额；而税法要求在纳税义务发生时应采用同类商品的销售价格或组成计税价格计算增值税和应税销售额后，还要将应税销售额与货物的账面价值之间的差额计入应纳税所得额，计算缴纳企业所得税。

（三）销售折扣的处理

企业采取折扣销售时，如果销售额和折扣额在同一张发票上分别注明的，可以按折扣后的余额作为销售额计算增值税；如果未将折扣额在同一张发票上注明的，不论其在财务上如何处理，均不得在销售额中减除折扣额。而企业会计准则和会计制度中并无此类规定。存在这种情况时，会计确认的收入往往小于税务确认的收入。

（四）售后回购的处理

根据现行增值税政策，企业的售后回购行为应视为销售和购入两项经济业务，分别确认其收入与成本，即在销售时就应确认销项税额，回购时确认进项税额。而企业会计准则规定，售后回购视为融资业务，一般不确认收入及相关税金；如果回购价格大于原售价，应在销售与回购期间内按期计提利息费用，计提的利息费用直接计入当期财务费用。

（五）接受捐赠的原材料

根据现行增值税政策，对于接受捐赠的原材料，只有捐赠方提供了有关凭据并认证相符的才允许抵扣；如果受赠方取得增值税专用发票，经税务机关认证不相符，则必须按增值税专用发票上注明的存货价值以及增值税额作为该存货入账价值。而企业会计准则规定，企业接收捐赠存货的成本，如果捐赠方提

供了有关凭据的，应按凭据上标明的金额加上应支付的相关税费确定；如果没有有关凭据的，应参照同类或类似存货的市场价格估计的金额，加上应支付的相关税费确定。两者规定的不同势必会导致接受捐赠的存货的入账价值存在差异。

（六）销项税额的确认时间

根据现行增值税政策，企业销售货物或者提供应税劳务的纳税义务发生时间，按其不同的销售结算方式主要有以下情形：

1. 采取直接收款方式销售货物，不论货物是否发出，均为收到销售额或取得索取销售额的凭据，并将提货单交给买方的当天；现场开具发票的，为开具发票的当天。

2. 采取托收承付和委托收款方式销售货物，为发出货物并办妥托收的当天。

3. 采取赊销和分期收款方式销售货物，为按合同约定的收款日的当天；无书面合同的，为发出货物的当天。

4. 采取预收货款方式销售货物，为货物发出的当天；生产工期超过 12 个月的大型机器设备、船舶、飞机等为收到预收款或书面合同约定的收款日的当天。

5. 委托其他纳税人代销货物，为收到代销单位的代销清单或收到全部或部分货款的当天；未收到代销清单及货款的为发出代销货物满 180 天的当天。

6. 销售应税劳务，为提供劳务同时收讫销售额或取得索取销售额凭据的当天。

7. 纳税人发生视同销售行为，为货物移送的当天。

而企业会计准则规定，企业销售收入应在所列五个条件均能满足时予以确认。显然，在收入确认时间上存在会计与税法的差异，从而引起销项税额确认时间的不同，最终导致应纳税额的差异。

（七）进项税额的抵扣时间

根据现行增值税政策，企业进项税额申报抵扣的具体时间为：增值税一般纳税人申请抵扣的防伪税控系统开具的增值税专用发票，必须自该发票开具之日起 90 天内到税务机认证否则不予抵扣，认证通过的防伪税控系统开具的增值税专用发票，应在认证通过的当天按照增值税有关规定核算当期进项税额，否则不予抵扣；增值税一般纳税人取得的海关进口增值税专用缴款书，应当在开具之日起90天后的第一个纳税申报期结束以前向主管税务机关申报抵扣，过期不予抵扣进项税额；增值税一般纳税人取得的运费发票，应当在开票之日起90天内向主管税务机关申报抵扣，超过90天的不予抵扣；增值税一般纳税人取得的废旧物资发票，应当在开具之日起90天后的第一个纳税申报期结束以前向主管税务机关申报抵扣，逾期不得抵扣进项税额。

而企业会计准则规定，企业已经付款或已开出承兑商业汇票，但货物尚未到达或尚未入库的采购业务，应根据发票账单等结算凭证，计入当期“应交税费——应交增值税（进项税额）”。如果当月购入货物进项税发票没有到税务机关认证，不能抵扣；上月认证相符上月未抵扣，本月不能再抵扣。结果前者使会计账簿中进项税额大于已认证相符的应抵扣数；后者使进项税额又小于已认证的抵扣数，“应交税费——应交增值税（进项税额）”借方余额不能真实地反映尚未抵扣的增值税额，造成增值税纳税申报表与会计账簿不一致，给会计报表阅读者提供了混乱的增值税信息，税法与会计处理产生了差异。为了处理好上述差异，借鉴所得税会计处理思想，可以采用增设会计科目的方法，调整纳税申报表与会计账簿的差异，即增加“应交税费——应交增值税（待抵扣进项税）”专栏，真实、完整地反映尚未抵扣的增值税进项税额。

**[案例3-48]** 某企业为增值税一般纳税人，本期购货100千克，金额为100万元，税额为17万元。从购货方取得增值税专用发票10张，本期认证相符9张，税额汇总数为15.3万元。会计处理如下：

借：库存商品　　1000000

　　应交税费——应交增值税（待抵扣进项税）　　170000

　　贷：银行存款　　1170000

借：应交税费——应交增值税（进项税额）　　153000

　　贷：应交税费——应交增值税（待抵扣进项税）　　153000

通过上例可以看出，增设“应交税费——应交增值税（待抵扣进项税）”专栏，调整应交增值税进项税额抵扣数，使会计报表与纳税申报表中反映的应交税费金额一致。

（八）销售退回的处理

税法规定，企业发生销售退回时，应冲减退回当期的销项税额。而企业会

计准则规定，企业发生销售退回时，应按下列具体情况分别处理：本年度销售了商品，在年度终了前退回，冲减退回月份的主营业务收入及相关的成本和税金；以前年度销售的商品，在本年度终了前退回，冲减退回月份的主营业务收入及相关的成本和税金（不包括资产负债表日后事项所产生的销售退回）；报告年度或以前年度销售的商品，在年度财务报表批准报出前退回，冲减报告年度的收入及相关的成本和税金，并调整会计报表。显然，在本度财务报告批准报出前，两者调整的项目会有所不同，从而导致应纳税额的差异。

## 八、纳税申报的会计处理

一般纳税人月末根据“应交税费——应交增值税”明细账户中核算的增值税业务,结出借方、贷方余额。若“应交税费——应交增值税”账户为贷方余额,即为本月应纳增值税税额,通过借记“应交税费——应交增值税(转出未交增值税)”科目,转入“应交税费——未交增值税”科目的贷方。相关会计处理为：

借：应交税费——应交增值税（转出未交增值税）

　　贷：应交税费——未交增值税

若为借方余额需要进行区分：如果按月交纳增值税的企业，不必结转，留抵下期继续抵扣；如果按日交纳增值税的企业，平时按核定纳税期纳税时，属预缴性质，月末再核实本月应交增值税税额后，应于下月 15 日前清缴。本月预缴时，借记“应交税费——应交增值税（已交税金）”科目，贷记“银行存款”科目。

对于“应交税费——应交增值税”账户的借方余额的会计处理，在实际工作中有两种做法：一是只就当月多缴部分转入“应交税费——未交增值税”科目的借方，二是将期末留抵数额和当月多缴部分一并转入“应交税费——未交增值税”科目的借方。

**[案例 3－49]** 某汽车制造企业为增值税一般纳税人，已知 2008 年 12 月份尚未抵扣完的进项税额为 5100 元。该企业 2009 年 1 月份有关生产经营业务如下：

（1）以交款提货方式销售 A 型小汽车 10 辆给汽车销售公司，每辆不含税售价 15 万元，开具增值税专用发票注明应收价款 150 万元，款项全部收回。

会计处理如下：

增值税销项税额 = 1500000 × 17% = 255000（元）

借：银行存款　　1755000

　贷：主营业务收入　　1500000

　　应交税费——应交增值税（销项税额）　　255000

（2）销售B型小汽车50辆给特约经销商，每辆不含税售价12万元，向特约经销商开具了税控增值税专用发票，注明价款600万元、增值税102万元，由于特约经销商当月支付了全部价款，汽车制造商给予原售价2%的销售折扣。会计处理如下：

销售收入 = 6000000 ×（1 − 2%）= 5880000（元）

借：银行存款　　6900000

　贷：主营业务收入　　5880000

　　应交税费——应交增值税（销项税额）　　1020000

（3）将新研制生产的C型汽车5辆作为公司自用，每辆成本10万元，C型小汽车尚无市场销售价格（C型小汽车成本利润率为8%，消费税率为8%）。

C型汽车组成计税价格 = 500000 ×（1 + 8%）÷（1 − 8%）

= 586956.52（元）

增值税销项税额 = 586956.52 × 17% = 99782.6（元）

借：固定资产　　199782.6

　贷：库存商品　　100000

　　应交税费——应交增值税（销项税额）　　99782.6

（4）企业将某单位逾期未退还包装物押金40000元转作其他业务收入。按规定，企业将逾期未退还包装物押金转作收入时，应征收增值税。

借：其他应付款　　40000

　贷：其他业务收入　　[40000 ÷（1 + 17%）] 34188

　　应交税费——应交增值税（销项税额）（40000 − 34188）5812

（5）购进机械设备取得税控专用发票注明价款20万元、进项税额3.4万元，支付运费50000元，该设备当月投入使用。

应抵扣固定资产增值税额 = 34000 + 50000 × 7% = 37500（元）

借：固定资产 246500

应交税费——应交增值税（进项税额） 37500

贷：银行存款 284000

（6）当月购进原材料取得税控主营发票注明金额600万元、进项税额102万元，经税务机关认证，支付购进原材料的运输费用20万元、保险费用5万元、装卸费用3万元。

可抵扣进项税额 = 1020000 + 200000 × 7% = 1034000（元）

采购总成本 = 6000000 + 200000 ×（1 - 7%）+ 50000 + 30000

= 6266000（元）

借：材料采购 6266000

应交税费——应交增值税（进项税额） 1034000

贷：银行存款 7300000

（7）企业以商业汇票方式购入包装物一批，价款为60000元，增值税额为10200元。

借：周转材料 60000

应交税费——应交增值税（进项税额） 10200

贷：应付票据 70200

（8）企业因材料质量问题将当月所购材料退还给供货方，收回价款40000元，增值税额为6800元。

借：银行存款 46800

贷：原材料 40000

应交税费——应交增值税（进项税额） 6800

（9）委托一企业加工一批材料，发出原材料成本为2000000元，支付加工费200000元（扣税后），材料加工完成后验收入库。

发出委托材料时会计处理为：

借：委托加工物资 2000000

贷：原材料 2000000

支付加工费时会计处理为：

借：委托加工物资 200000

应交税费——应交增值税（进项税额） 17000

贷：银行存款 217000

收回加工材料时会计处理为：

借：原材料 2200000

贷：委托加工物资 2200000

(10) 企业将购进的钢材转用于企业在建工程。按企业材料成本计算方法确定，该材料成本为520000元，其进项税额为88400元。按规定，企业将购进货物改变用途用于其他方面的，其进项税额应相应转入有关科目。

借：在建工程 608400

贷：原材料 520000

应交税费——应交增值税（进项税额转出） 88400

(11) 当月发生意外事故损失库存原材料金额35万元（其中含运费2.79万元），直接计入“营业外支出”账户损失为35万元。

应转出的进项税额 = （350000 − 27900） × 17% + 27900 ÷ （1 − 7%） × 7%
= 56857（元）

借：待处理财产损溢——待处理流动资产损溢 350000

贷：原材料 293143

应交税费——应交增值税（进项税额转出） 56857

借：营业外支出 350000

贷：待处理财产损溢——待处理流动资产损溢 350000

(12) 销售给外贸企业出口的汽车已缴纳增值税34000元。

借：应交税费——应交增值税（已交税金） 34000

贷：银行存款 34000

本期销售额 $= 1500000 + 5880000 + 586956.52 + \frac{40000}{1 + 17\%} = 8001144.6$（元）

本期销项税额 = 255000 + 1020000 + 99782.6 + 5812 = 1380594.6（元）

本期进项税额 = 37500 + 1034000 + 10200 − 6800 + 17000 = 1091900（元）

进项税额转出 = 88400 + 56857 = 145257（元）

本期应纳税额 = 1380594.6 − 1091900 + 145257 − 5100 − 34000
= 394851.6（元）

借：应交税费——应交增值税（转出未交增值税） 394851.6

　　贷：应交税费——未交增值税　　　　　　　　　　394851.6

下月缴纳增值税时作会计处理如下：

借：应交税费——未交增值税　　　　　　　　394851.6

　　贷：银行存款　　　　　　　　　　　　　　　394851.6

根据上述案例，编制增值税纳税申报表如表 3－5 所示。

**表 3－5　　　　　　　　　增值税纳税申报表**

（适用于增值税一般纳税人）

根据《中华人民共和国增值税暂行条例》第二十二条和第二十三条的规定制定本表。纳税人不论有无销售额，均应按主管税务机关核定的纳税期限按期填报本表，并于次月一日起十五日内，向当地税务机关申报。

税款所属时间：自 2009 年 1 月 1 日至 2009 年 1 月 31 日

填表日期：2009 年 2 月 2 日　　　　　　　　　　　　金额单位：元至角分

| 纳税人识别号 | | | | 所属行业： | | | |
|---|---|---|---|---|---|---|---|
| 纳税人名称 | （公章） | 法定代表人姓名 | | 注册地址 | | 营业地址 | |
| 开户银行及账号 | | 企业登记注册类型 | | | | 电话号码 | |

| 项目 | | 栏次 | 一般货物及劳务 | | 即征即退货物及劳务 | |
|---|---|---|---|---|---|---|
| | | | 本月数 | 本年累计 | 本月数 | 本年累计 |
| 销售额 | （一）按适用税率征税货物及劳务销售额 | 1 | 8001144.6 | | | |
| | 其中：应税货物销售额 | 2 | 8001144.6 | | | |
| | 应税劳务销售额 | 3 | | | | |
| | 纳税检查调整的销售额 | 4 | | | | |
| | （二）按简易征收办法征税货物销售额 | 5 | | | | |
| | 其中：纳税检查调整的销售额 | 6 | | | | |
| | （三）免、抵、退办法出口货物销售额 | 7 | | | — | — |
| | （四）免税货物及劳务销售额 | 8 | | | — | — |
| | 其中：免税货物销售额 | 9 | | | — | — |
| | 免税劳务销售额 | 10 | | | — | — |

续表

| 项目 | | 栏次 | 一般货物及劳务 | | 即征即退货物及劳务 | |
|---|---|---|---|---|---|---|
| | | | 本月数 | 本年累计 | 本月数 | 本年累计 |
| 税款计算 | 销项税额 | 11 | 1380594.6 | | | |
| | 进项税额 | 12 | 1091900 | | | |
| | 上期留抵税额 | 13 | 5100 | — | | — |
| | 进项税额转出 | 14 | 145257 | | | |
| | 免抵退货物应退税额 | 15 | | | — | — |
| | 按适用税率计算的纳税检查应补缴税额 | 16 | | | — | — |
| | 应抵扣税额合计 | 17 = 12 + 13 - 14 - 15 + 16 | 951743 | — | | — |
| | 实际抵扣税额 | 18（如 17 < 11，则为 17，否则为 11） | 951743 | | | |
| | 应纳税额 | 19 = 11 - 18 | 428851.6 | | | |
| | 期末留抵税额 | 20 = 17 - 18 | | — | | — |
| | 简易征收办法计算的应纳税额 | 21 | | | | |
| | 按简易征收办法计算的纳税检查应补缴税额 | 22 | | | — | — |
| | 应纳税额减征额 | 23 | | | | |
| | 应纳税额合计 | 24 = 19 + 21 - 23 | 428851.6 | | | |
| 税款缴纳 | 期初未缴税额（多缴为负数） | 25 | | | | |
| | 实收出口开具专用缴款书退税额 | 26 | | | — | — |
| | 本期已缴税额 | 27 = 28 + 29 + 30 + 31 | 34000 | | | |
| | ①分次预缴税额 | 28 | 34000 | — | | — |
| | ②出口开具专用缴款书预缴税额 | 29 | | — | — | — |
| | ③本期缴纳上期应纳税额 | 30 | | | | |
| | ④本期缴纳欠缴税额 | 31 | | | | |
| | 期末未缴税额（多缴为负数） | 32 = 24 + 25 + 26 - 27 | 394851.6 | | | |
| | 其中：欠缴税额（≥0） | 33 = 25 + 26 - 27 | | — | | — |

续表

<table>
<tr><td colspan="2" rowspan="2">项　　目</td><td rowspan="2">栏　次</td><td colspan="2">一般货物及劳务</td><td colspan="2">即征即退货物及劳务</td></tr>
<tr><td>本月数</td><td>本年累计</td><td>本月数</td><td>本年累计</td></tr>
<tr><td rowspan="5"></td><td>本期应补（退）税额</td><td>34 = 24 - 28 - 29</td><td>394851.6</td><td>—</td><td></td><td>—</td></tr>
<tr><td>即征即退实际退税额</td><td>35</td><td>—</td><td>—</td><td></td><td></td></tr>
<tr><td>期初未缴查补税额</td><td>36</td><td></td><td></td><td>—</td><td>—</td></tr>
<tr><td>本期入库查补税额</td><td>37</td><td></td><td></td><td>—</td><td>—</td></tr>
<tr><td>期末未缴查补税额</td><td>38 = 16 + 22 + 36 - 37</td><td></td><td></td><td>—</td><td>—</td></tr>
<tr><td>授权声明</td><td colspan="2">如果你已委托代理人申报，请填写下列资料：<br>为代理一切税务事宜，现授权<br>（地址）　　　　　为本纳税人的代理申报人，任何与本申报表有关的往来文件，都可寄予此人<br>授权人签字：</td><td>申报人声明</td><td colspan="3">此纳税申报表是根据《中华人民共和国增值税暂行条例》的规定填报的，我相信它是真实的、可靠的、完整的。<br>声明人签字：</td></tr>
</table>

# 第四章　增值税纳税筹划策略与技巧

## 一、增值税纳税人的筹划

（一）纳税人的法律界定

增值税是对在我国境内销售货物或提供加工、修理修配劳务以及进口货物的单位和个人，就其销售货物或提供应税劳务的销售额以及进口货物金额计税并实行税款抵扣制的一种流转税。

由于增值税的征收管理制度不同，增值税的纳税人又分为一般纳税人和小规模纳税人。对于不同的纳税人，其计税方法和征管要求也不同。

一般纳税人适用的增值税率为17%，只有少数几类货物适用于13%的低税率，一般纳税人允许进项税额从销项税额中抵扣。自2009年1月1日起，小规模纳税人无论从事货物生产、提供劳务，还是从事货物生产或提供劳务为主、兼营货物批发或零售，都适用3%的征收率，以销售额为税基进行增值税的计算，且不允许抵扣进项税额。

（二）一般纳税人和小规模纳税人身份的选择

1. 不含税销售额下的税负均衡点

假定纳税人销售商品的增值率为 $R$，销售货物不含税价款为 $S$，购进货物不含税价款为 $P$，一般纳税人的适用税率为 $T_1$，小规模纳税人的征收率为 $T_2$，则：

增值率 =（不含税销售收入 - 购进项目不含税价款）÷不含税销售收入

即：$R = \frac{S-P}{S}$

一般纳税人应纳增值税额为：

销项税额 - 进项税额 = $S \times T_1 - P \times T_1 = (S-P)T_1 = S \times R \times T_1$

小规模纳税人应纳增值税额 = $S \times T_2$

当两类纳税人应纳增值税额相等时：$S \times R \times T_1 = S \times T_2$

$$R = \frac{T_2}{T_1}$$

结论：(1) 当实际增值率等于 $R$ 时，两类纳税人税负相同；(2) 当实际增值率小于 $R$ 时，小规模纳税人税负重于一般纳税人；(3) 当实际增值率大于 $R$ 时，小规模纳税人税负轻于一般纳税人。

2. 含税销售额下的税负均衡点

假定纳税人销售商品的增值率为 $R$，销售货物含税价款为 $S$，购进货物含税价款为 $P$，一般纳税人的适用税率为 $T_1$，小规模纳税人的征收率为 $T_2$，则：

一般纳税人应纳增值税额 = 销项税额 − 进项税额

$$= \frac{S}{1 + T_1} \times T_1 - \frac{P}{1 + T_1} \times T_1$$

$$= \frac{S - P}{1 + T_1} \times T_1 = \frac{R \times S}{1 + T_1} \times T_1$$

小规模纳税人应纳增值税额 $= \frac{S}{1 + T_2} \times T_2$

当 $\frac{R \times S}{1 + T_1} \times T_1 = \frac{S}{1 + T_2} \times T_2$ 时

$$R = \frac{(1 + T_1)\ T_2}{(1 + T_2)\ T_1}$$

根据上述公式，经过计算，两类纳税人的税负平衡点的增值率如表 4 − 1 所示。

表 4 − 1　　一般纳税人与小规模纳税人税负平衡点的增值率

| 一般纳税人税率 | 小规模纳税人征收率 | 不含税平衡点增值率 | 含税平衡点增值率 |
|---|---|---|---|
| 17% | 3% | 17.65% | 20.05% |
| 13% | 3% | 23.08% | 25.32% |

**[案例 4 − 1]**　甲乙两个企业均为生产型小规模纳税人，主要从事机械配件加工及销售业务。甲企业年销售额为 40 万元，年购进项目金额为 35 万元；乙企业年销售额为 49 万元，年购进项目金额 44 万元（以上金额均为不含税金额，进项税额可取得增值税专用发票）。由于两个企业年销售额均达不到一般

纳税人标准，税务机关对两个企业均按小规模纳税人简易方法征税，征收率为3%。甲企业年应纳增值税1.2（40×3%）万元，乙企业年应纳增值税1.47（49×3%）万元，两个企业年应纳增值税额为2.67（1.2+1.47）万元。

根据一般纳税人与小规模纳税人税负平衡点，甲企业增值率为12.5%＜20.05%，则选择作为一般纳税人税负较轻。乙企业增值率为10.2%＜20.05%，则选择作为一般纳税人税负较轻。因此，如果甲乙两个企业通过合并方式，组成一个独立核算的纳税人，年应税销售额超过50万元，则符合一般纳税人的认定资格。企业合并后成为一般纳税人，则其年应纳增值税额为：

（40+49）×17%－（35+44）×17%=1.7（万元），与企业合并前相比，可减轻税负1（2.7－1.7）万元。

（三）一般纳税人对供货方纳税人身份的选择

一般纳税人企业在采购货物的时候，可以选择不同纳税身份的供货商。有的供货商是增值税一般纳税人，有的供货商是小规模纳税人。一般纳税人选择不同的供货商，企业负担的税负不同。在货物不含税价格不变的情况下，取得17%、13%、3%的增值税专用发票和不能取得专用发票时的纳税总额是依次递增的，但这种假设不现实，因为货物不含税价格相同，小规模纳税人和个体工商户将无法生存，若要在市场中生存，必然要降低销售价格，才能与一般纳税人竞争。因此，一般纳税人企业在采购货物的时候，无论是从一般纳税人购进，还是从小规模纳税人购进都要计算比较销售价格以及增值税的影响。

假定一般纳税人身份的销售方的含税销售额为 $S$，其从一般纳税人的供货方购进的含税购进额为 $P$，适用的增值税税率为 $T_1$，从小规模纳税人购进货物的含税价与从一般纳税人购进货物的含税价的比率为 $R$，小规模纳税人适用的征收率为 $T_2$，小规模纳税人向主管税务机关申请代开发票，则：

从一般纳税人购进货物后再销售的税后现金流量为：

$$S-P-\left(\frac{S}{1+T_1}\times T_1-\frac{P}{1+T_1}\times T_1\right)$$

从小规模纳税人购进货物后再销售的税后现金流量为：

$$S-P\times R-\left(\frac{S}{1+T_1}\times T_1-\frac{P\times R}{1+T_2}\times T_2\right)$$

令两者税后现金流量相等，则有：

$$S - P - \left(\frac{S}{1+T_1} \times T_1 - \frac{P}{1+T_1} \times T_1\right) = S - P \times R - \left(\frac{S}{1+T_1} \times T_1 - \frac{P \times R}{1+T_2} \times T_2\right)$$

整理得：

$$R = \frac{1+T_2}{1+T_1} \times 100\%$$

当一般纳税人选择从小规模纳税人购进货物还是从一般纳税人购进货物时，若实际含税价格比小于 $R$，应当选择购进小规模纳税人的货物；若实际含税价格比大于 $R$，应当选择购进一般纳税人的货物。若实际的含税价格比等于 $R$，从税收上而言选择两者均可，但是应该考虑到时间价值。从一般纳税人购入货物时支付的进项税额占用的资金较多，在下个月缴税时实际缴纳的税款较少，而从小规模纳税人购入货物时支付的进项税额较少，在下个月缴税时实际缴纳的税款较多，虽然总的现金流出量不变，但是后者显然可以获得比前者更多的货币时间价值。

依据上述公式，假设小规模纳税人在销售货物时，不愿或不能委托主管税务局代开增值税专用发票而出具一般普通发票，则一般纳税人在购进货物时，小规模纳税人销售货物的含税价格与一般纳税人销售货物的含税价格比为：

$$R = \frac{1}{1+T_1} \times 100\%$$

在增值税一般纳税人适用税率为 17%、13%，小规模纳税人征收率为 3%，以及不能出具增值税专用发票的情况下的 $R$ 值计算如表 4-2 所示。

**表 4-2　　不同纳税人含税价格比率（R）**

| 一般纳税人适用的增值税税率 | 小规模纳税人适用的增值税征收率 | 小规模纳税人向税务机关申请代开发票后的含税价格比率 | 小规模纳税人未向税务机关申请代开发票的含税价格比率 |
|---|---|---|---|
| 17% | 3% | 88.03% | 85.47% |
| 13% | 3% | 91.15% | 88.49% |

## 二、融资租赁的纳税筹划

《国家税务总局关于融资租赁业务征收流转税问题的通知》（国税发

[2000] 514号）规定：对经过中国人民银行批准经营融资租赁业务的单位所从事的融资租赁业务，无论租赁财产的所有权是否转让给承租方，均以5%的税率计算缴纳营业税。其他单位从事的融资租赁业务，租赁财产的所有权转让给承租方的，征收增值税，不征收营业税；租赁财产的所有权不转让给承租方的，征收营业税，不征收增值税。

根据上述规定，纳税人在进行融资租赁业务时，合同规定的条款不同，所适用的税种就会有所区别，实际税收负担也会有差异。

**[案例4-2]** 甲公司是设备生产企业，兼营融资租赁业务（未经中国人民银行批准）。2009年1月，甲公司按照乙公司所要求的规格、型号、性能等条件购入一台大型设备，取得增值税专用发票上注明的价款为500万元，增值税税款为85万元，该设备预计使用年限为10年（城市维护建设税适用税率7%，教育费附加费率3%）。

为合理操作该笔业务，双方设计以下两个筹划方案：

方案一，租期10年，租赁期满后，设备所有权归乙公司，租金总额为1000万元，乙公司每年年初支付当年租金100万元。

方案二，租期8年，租赁期满后，甲公司将设备残值收回，租金总额800万元，乙公司每年年初支付当年租金100万元。

下面对这两个方案的涉税问题及甲公司获益情况进行分析：

第一方案，租赁期满后，设备所有权归承租方，即设备所有权发生转让，按规定应当征收增值税。如果甲公司是增值税一般纳税人，则该设备的进项税额允许抵扣。

甲公司应纳增值税：1000÷（1+17%）×17%-85=60.30（万元）

应纳城市维护建设税及教育费附加：

60.30×（7%+3%）=6.03（万元）

由于征收增值税的融资租赁业务实际上是一种购销业务，应纳合同金额缴纳万分之三的印花税。

应纳印花税：1000×0.3‰=0.3（万元）

甲公司缴纳流转税后的净收入：

1000÷（1+17%）-500-6.03-0.3=348.37（万元）

第二方案，按规定应征收营业税，不征收增值税。

按照财税［1997］045号规定：纳税人经营融资租赁业务，以其向承租者收取的全部价款和价外费用（包括残值）减去出租方承担的货物的实际成本后的余额为营业额，并依此征收营业税。

假设8年后，甲公司收回设备可变现残值为200万元，则甲公司流转税后收入为：

800 + 200 − 585 − 16.60 − 1.66 = 396.74（万元）

通过上述比较，可以看出，由于采用第二方案甲公司缴纳营业税而非增值税，税负相对较轻，比第一方案多获利48.37万元（396.74 − 348.37）。

当然，这种结果是因为我们将第二方案中收回设备的残值假设为200万元才可能得到的。事实上，由于科技进步可能给设备带来的无形损耗，通常会使未来设备的变现价值低于账面折余价值，因此，在对两种租赁方式选择时，应当考虑企业获利情况相同时设备残值可变现价值的临界点，以此作为判断的依据。

具体计算如下：

假设收回设备可变现残值为X，当甲企业为增值税一般纳税人时，

令800 + X − 585 − 16.60 − 1.66 = 348.37（万元）

解得：X = 151.63万元

由此可见，当收回设备的可变现残值超过151.63万元时，甲公司应选择第二方案；反之则应选择第一方案。

需要说明的是：上述案例中两种租赁方式所发生的费用差别不大，故在计算获利时未考虑费用减除问题；如果甲企业是增值税一般纳税人，则企业的进项税额可在购进设备时一次性扣除；而销项税额是分年按月分别计算的，因此，如果考虑货币时间价值，第一个方案有进项税额先期抵扣，可以获取递延纳税的好处。

## 三、以旧货投资的增值税筹划

在日常经营活动中，有些企业选择以旧货进行投资，在利用旧货进行投资时要进行税收筹划。

**［案例4－3］**　长江机械有限公司为增值税一般纳税人，2009年2月有一

批账面净值共计550万元的积压物资需要处理，积压物资包括：一是用过的出租固定资产45万元；已使用过的账面价值35万元的数控机床一台；已使用过的其他固定资产70万元（账面原值100万元）；流动资产400万元。经过评估，以上资产价格分别为：40万元、30万元、50万元和380万元，合计为500万元（含税价）。

如何处理这部分积压物资，可有两个方案：

方案一：公司直接组织人员以评估价格进行销售；

方案二：按评估价降价10%作为资本，投资组建旧货经营公司（以下简称旧货公司），旧货公司再按原评估价格销售这批旧货。

对两个方案的分析如下：

方案一，根据税收政策规定，长江公司销售未超过原值的固定资产不征收增值税；销售流动资产，则应该按照规定的税率缴纳增值税，长江公司应缴纳的增值税为：

380÷（1+17%）×17% = 55.21（万元）

方案二，长江公司将500万元旧货折价10%以含税价格450万元投资组建一个新的旧货公司。作为长江公司，销售属于货物的流动资产应按17%税率缴纳增值税，应缴纳增值税为：

380×（1-10%）÷（1+17%）×17% = 49.69（万元）

新建的旧货公司再按照评估价格500万元销售这批旧货时，又是一次销售行为，仍然要缴纳一次增值税，应缴纳的增值税为：

500÷（1+4%）×4%×50% = 9.62（万元）

两个环节共缴纳增值税59.31（49.69+9.62）万元。

分析以上两个方案可以看出，第二个方案不仅没有降低企业税负，反而使企业多缴4万多元的增值税。但仔细分析却发现，第二个方案实际上提出了一个纳税筹划的思路。

如果长江公司将不需缴税的那部分固定资产由自己直接销售；而将需要缴税的那部分流动资产再进一步降低价格投资组建新的旧货公司，则会在总体销售收入不变的前提下实现降低税负的目的。假设以评估价格70%的价格（折价30%）投资组建旧货公司，我们将此方案称为方案三。

方案三的纳税情况分析如下：

长江公司在以比评估价低30%的价格投资组建新的旧货公司时，应缴纳增值税为：

380×（1-30%）÷（1+17%）×17%＝38.65（万元）

旧货公司以原评估价销售这笔旧货时应缴纳的增值税为9.62万元，两个环节共缴纳增值税48.27（38.65+9.62）万元。通过以上筹划，长江公司处理这批旧货可以减少增值税6.94（55.21-48.27）万元。

从上述分析中，可以看出，掌握好降价的幅度是旧货税收筹划的关键所在。仅从增值税角度分析，降价的幅度应掌握在：利用旧货投资组建旧货公司之后的总体税负不超过企业自己处理这批旧货的税收负担（假设T为折价比率），按照本例可以设定如下方程：

380×（1-T）÷（1+17%）×17%+380÷（1+4%）×4%×50%<380÷（1+17%）×17%

解方程，得T>13.25%

即只有当长江公司以低于评估价格13.25%的销售价格投资组建旧货经营公司时，长江公司与旧货公司的增值税合计数才可能小于长江公司自己以评估价格直接销售处理这批旧货应缴纳的增值税，从而产生节税效应。

当然，单独投资成立一个旧货公司，还会增加企业的管理成本，如登记费、年检费等注册费用，以及人员工资、日常办公经费等相关费用，这些都应在筹划时加以统筹考虑。

## 四、委托代销方式的纳税筹划

委托代销有两种不同的方式：一是收取代销手续费方式，即代理方以双方约定的代理价格对外销售，销售结束后仅向委托方收取一定金额的手续费。这对于代理方来讲属于一种代理服务收入，应按5%的税率计算缴纳营业税；二是视同买断方式，即委托方以较低价格将货物交由代理方代销，代理方加价后向市场销售。这对于代理方来讲则是商品销售的一个环节，应按其获得的增值额计算缴纳增值税。两种不同的代销方式下，委托方、代理方的税务处理不同，总体税负也不相同，合理选择代销方式，同时确定合理的代销价格可以达到合法节税的目的。

**[案例4-4]** 利群商贸公司用收取手续费的方式为中华制衣厂代销品牌服装，销售单价为1000元/件，每销售一件收取手续费200元。2009年2月，利群商贸公司共销售服装1000件，收取手续费200000元。双方的税务处理如下：

利群商贸公司应缴纳营业税 = 200000 × 5% = 10000（元）

利群商贸公司应缴纳城建税及教育费附加

= 10000 ×（7% + 3%）= 1000（元）

假定中华制衣厂的进项税额为70000元，则中华制衣厂应缴纳增值税为：

1000 × 1000 × 17% - 70000 = 100000（元）

中华制衣厂应缴纳城建税及教育费附加：

100000 ×（7% + 3%）= 10000（元）

两家公司共缴纳流转税 = 10000 + 1000 + 100000 + 10000 = 121000（元）

假如利群商贸公司按视同买断方式为中华制衣厂代销品牌服装，中华制衣厂按800元/件出售服装给利群商贸公司，利群商贸公司再按1000元/件对外销售。其他资料不变。则双方的税务处理应如下：

利群商贸公司应缴纳增值税

= 1000 × 1000 × 17% - 800 × 1000 × 17% = 34000（元）

利群商贸公司应缴纳城建税及教育费附加

= 34000 ×（7% + 3%）= 3400（元）

中华制衣厂应缴纳增值税：800 × 1000 × 17% - 70000 = 66000（元）

中华制衣厂应缴纳城建税及教育费附加

= 66000 ×（7% + 3%）= 6600（元）

两家公司共缴纳流转税 = 34000 + 3400 + 66000 + 6600 = 110000（元）

比较上述两种方式，视同买断方式下，利群商贸公司少缴纳营业税10000元，但多缴纳增值税34000元，取得的收益减少了26400（34000 + 3400 - 10000 - 1000）元；中华制衣厂少缴纳增值税34000元，但多取得收益37400元。委托双方流转税总体税负减少11000元。因此，在委托代销业务中，委托双方应争取采取视同买断方式。而采用这种方式代销时，受托方需多缴纳一部分增值税，委托方则可少缴等额的增值税。因此，双方可以在协议价格上做一点调整，委托方适当降低价格，以使受托方多缴的增值税在协议价格制定时得到补

偿，最终使双方各自的税负水平趋于合理。

## 五、增值税优惠政策的纳税筹划

[案例4-5]　北方牛奶公司的生产流程如下：饲养奶牛生产牛奶，将产出的新鲜牛奶加工成奶制品，再将奶制品销售给各大零售店和超市，或者通过销售网络销售给周边地区的居民。由于奶制品适用17%的增值税税率，销项税额按照销售收入和17%的税率计算。进项税额主要有两部分：一是向农民个人收购的草料可以抵扣13%的进项税额；二是公司水费、电费和修理用配件等按规定可以抵扣进项税额。与销项税额相比，这两部分进项税额比例很小。因此，北方牛奶公司的增值税税负高达13.4%。对于这种情况，北方牛奶公司应该如何筹划以减轻其税收负担呢？

从北方牛奶公司的客观情况来看，增值税税负高的原因在于可抵扣的进项税额比例太低。围绕进项税额，北方牛奶公司采取以下筹划方案：公司将整个生产流程分解成饲养场和奶制品加工两部分，饲养场和奶制品加工厂均实行独立核算。分开后，饲养场属于农产品生产单位，按规定可以免征增值税，奶制品加工厂从饲养场购入的牛奶可以抵扣13%的进项税额。

纳税筹划方案实施前，公司每年从农民个人手中购入的草料金额为100万元，允许抵扣的进项税额为13万元，其他水电费、修理用配件等进项税额为8万元，全年奶制品销售收入为500万元，则应缴纳的增值税额为：500×17%－（13+8）=64（万元）

税负率=64÷500×100%=12.8%

纳税筹划方案实施后，独立出来的饲养场免征增值税，假定饲养场销售给奶制品厂的鲜奶售价为350万元，其他资料不变。则：

应纳增值税额=500×17%－（350×13%+8）=31.5（万元）

税负率=31.5÷500×100%=6.3%

比较可知，筹划方案的实施取得了良好的效益，方案实施后比实施前节省增值税额32.5（64－31.5）万元，节省城市维护建设税和教育费附加合计3.25[32.5×（7%+3%）]万元，税负率下降6.5%（12.8%－6.3%）。

本案例操作时必须注意，由于农场与工厂存在关联关系，农产品生产单位必须按照独立企业之间正常价格销售给工厂，不能为增加工厂的进项税额擅自抬高售价，否则，税务机关将依法调整关联价格和增值税额。

## 六、农产品收购与加工的纳税筹划

［案例 4－6］ 某山楂加工厂向农民收购山楂片。而山楂片由于经过洗净、切片、晾干，杀菌，不再作为初级农产品，且农民销售山楂片不能提供发票，山楂加工厂的农产品收购发票只能用于收购初级农产品。因此，山楂加工厂就面临着较高的税收负担。对此，山楂加工厂应该如何进行纳税筹划？

针对山楂加工厂的税收困惑，税务顾问为此提出以下两个纳税筹划方案：

方案一：山楂加工厂先向农民收购鲜山楂，然后委托农民加工并另外支付加工费。经过这样一种业务调整，山楂厂仍然是从农民手中取得加工后的山楂，但却可以在收购鲜山楂时开具农产品收购发票，按照收购价款的 13% 计算抵扣增值税进项税额。

方案二：我国颁发的《中华人民共和国农民专业合作社法》，允许农民组成专业合作社开展合作经营。山楂加工厂就组织当地农民成立专业合作社，进行山楂片的生产加工，然后再向合作社收购。《关于农民专业合作社有关税收政策的通知》（财税［2008］81 号）规定：对农民专业合作社销售本社成员生产的农业产品，视同农业生产者销售自产农业产品免征增值税。增值税一般纳税人从农民专业合作社购进的免税农业产品，可按 13% 的扣除率计算抵扣增值税进项税额。对农民专业合作社与本社成员签订的农业产品和农业生产资料购销合同，免征印花税。

## 七、业务拆分的纳税筹划

［案例 4－7］ 远辉中央空调公司主要生产大型中央空调机，销售价格相对较高，每台售价为 100 万元，且销售价格中都包含 5 年的维护保养费，维护保养费占售价的 20%。由于维护保养费包含在价格中，税法规定一律作为销售额计算缴纳增值税。筹划前，远辉中央空调公司应交增值税为：

100 × 17% = 17（万元）

如果进行税收筹划，针对空调维护保养专门注册成立一家具有独立法人资格的"远辉中央空调维护服务公司"，主营业务为"中央空调机维护保养服务"。这样每次销售中央空调机时，远辉中央空调公司负责签订"销售合同"，只收取中央空调机的机器价格80万元，款项汇入"远辉中央空调公司"所在银行的"基本账户"上；远辉中央空调维护服务公司负责签订"维护服务合同"，只收取中央空调机的维护服务费20万元。这样一来，两家公司各负其责，共同完成中央空调机的销售与服务。税收筹划后的纳税额计算如下：

远辉中央空调公司应交增值税 = 800000 × 17%

= 136000（元）

远辉中央空调维护服务公司应交营业税 = 200000 × 5% = 10000（元）

合计纳税额 = 136000 + 10000 = 146000（元）

筹划前后相比，筹划后的方案节税额 = 170000 - 146000 = 24000（元）

**[案例4-8]**　一家俱厂主要加工板材并生产高档家具。该家俱厂的原料主要是木材，他们在长江沿岸征用30万亩荒山建成农场，作为木材生产基地。还有一部分木材向当地木材收购站购买，木材收购站则最终从农民手中收购。

家俱厂在自己农场培育的木材不像外购的产品能抵扣增值税。结果造成家俱厂的税收负担相当重，如何解决这个棘手的纳税问题呢？

税务顾问帮助家俱厂分析经营流程，家俱厂在长江沿岸从事荒山植树造林，虽然国家有农林牧渔业税收优惠政策——所得税减免，但只有林业企业才能享受该政策。为此，税务顾问建议家俱厂将农场分离出来，单独成立一家林业公司，由林业公司生产加工木材，然后由家俱厂到林业公司采购木材。这样进行业务拆分和调整后，家俱厂向林业公司收购木材，开具农产品收购发票，可以按收购价款的13%抵扣进项税额，同时林业公司可以享受林业企业所得税减免优惠政策。

此外，税务顾问还建议家俱厂收编木材收购站，直接从农民手中收购木材，开具农产品收购发票，按收购价款的13%抵扣增值税进项税额。

## 八、预估折扣率法与滚动抵扣法筹划

**[案例4-9]**　山泉公司是一家生产销售饮料的生产商，该公司为提高批

发商和代理商的积极性，特制定如下销售政策：饮料的出厂价格为1元/瓶，代理商年销售量在10万瓶以下的，每瓶享受20%的折扣率；年销售量在10万~20万瓶的，每瓶享受30%的折扣率；年销售量在200万瓶以上的，每瓶享受40%的折扣率。

由于在代理期间，山泉公司不知晓也不可能知晓每家代理商每年究竟能销售多少瓶饮料，因此也不能确定每家代理商应享受的折扣率。通常的做法是等到年底结算，一次性结算应返还给代理商的总折扣额，单独开具红字发票，但这种折扣不符合税法规定，在计算增值税时不允许冲减销售收入冲抵增值税，因此山泉公司就必须按照全部销售额计算缴纳增值税，其税收负担相对比较重。面对这种情况该如何进行筹划？

税务顾问设计如下税收筹划方案：每年年初，山泉公司根据每家代理商的销量预算初步确定一个预估折扣率，在每次销售时均按预估折扣率计算预估折扣额，并以全部销售收入扣除预估折扣额来确定该次的销售净额，这样就可以理所当然地将扣除折扣额后的收入净额确认为“主营业务收入”，从而相应减少增值税支出。如果到年末，预估折扣率与实际折扣率不一致，只需调整两者差异即可。

# 第五章　增值税转型对企业的影响

## 一、增值税转型对企业的影响分析

增值税划分为生产型增值税、消费型增值税、收入型增值税三种类型，我国2009年之前实行的是生产型增值税。所谓增值税转型是指增值税由生产型向消费型转型。生产型增值税和消费型增值税的最大区别是：生产型增值税只能扣除属于非固定资产的那部分生产资料的进项税额，消费型增值税则同时允许企业抵扣固定资产中机器设备投资部分所含的进项税金。增值税转型将给企业带来一系列影响。

（一）增值税转型对企业整体税负的影响

实施增值税转型的直接目的是为了降低企业的实际税负，同时增强企业的竞争力。由于不同类型的增值税所采用的抵扣制度不同，对企业产生的税负也就不相同。此次的增值税改革，将增值税由生产型转为消费型，对企业的整体税负将产生较大的影响，这种影响不仅体现在企业所负担的间接税上，也体现在企业所负担的直接税上。

1. 对企业间接税税负的影响

增值税转型对企业间接税税负的影响主要是指对增值税税负的影响。在实行生产型增值税的条件下，由于纳税人购进的固定资产所含税款不能抵扣，也就是当期企业外购的固定资产价值不能从计算增值税的税基中扣除，增加了企业的税收负担。在实行消费型增值税的情况下，纳税人购进的固定资产所发生的进项税额能够在当期抵扣，相对于转型前来说企业所负担的增值税负担得到降低。在暂不考虑运费的情况下，具体分析如下：

增值税应纳税额 = 当期销项税额 - 当期进项税额

其中：销项税额 = 销售额 × 法定名义税率

进项税额 = 购进额 × 扣除率

扣除率 = 购进额可以抵扣的比率 × 法定名义税率

设应纳增值税额为 A，企业销售量为 Q，产品价格为 P，增值税法定名义税率为 T，原材料采购量为 q，购进价格为 p，增值税法定扣除率为 t。那么，企业应纳增值税额 A 作为销售价格 P，销售量 Q、税率 T、购进价 p、采购量 q 和扣除率 t 的函数，则有：

$A = PQT - pqt$

一般情况下企业购进生产要素的数量和产品的销售量之间存在一个较稳定的比例关系，即 $q/Q = \alpha$，不妨将 $\alpha$ 定义为投入产出的数量比，而购进生产要素的价格和产品的销售价格之间也存在一个固定的比率，即 $p/P = \beta$，将其定义为投入产出的价格比。

设增值税实际税率为 r，则：

$r = A/P$

将 $A = PQT - pqt$ 代入，可得：

$r = T - \alpha\beta t$

从理论上分析，影响增值税实际税率的因素有四个：T、α、β、t，即消费型增值税的实际税负率取决于名义增值税税率、企业投入产出数量比、投入产出价格比，以及扣除率的大小。在消费型增值税下，由于企业当期购进的固定资产可以扣除，企业当期购进的予以抵扣的固定资产越多，扣除率 t 就越大，增值税实际税率 r 就越小。上式表明了在消费型增值税下，增值税的实际税率与新增固定资产比例成反向变动的关系。

若对某企业一项长期项目投资总额的估算如表 5－1 所示。

**表 5－1　　企业长期项目投资总额估算表**　　单位：万元

| 序号 | 工程或费用名称 | 概算价值 | | | | |
|---|---|---|---|---|---|---|
| | | 建筑费 | 安装费 | 设备费 | 其他费 | 合　计 |
| A 阶段 | 工程费用 | 100000 | 50000 | 200000 | | 350000 |
| | 购地费 | | | | 25000 | 25000 |
| | 其他费用及预备费 | | | | 20000 | 20000 |
| | 工程投资合计 | 100000 | 50000 | 200000 | 45000 | 395000 |

续表

| 序号 | 工程或费用名称 | 概算价值 | | | | |
|---|---|---|---|---|---|---|
| | | 建筑费 | 安装费 | 设备费 | 其他费 | 合　计 |
| B 阶段 | 工程费用 | 10000 | 10000 | 30000 | | 50000 |
| | 购地费 | | | | 2500 | 2500 |
| | 其他费用及预备费 | | | | 2500 | 2500 |
| | 工程投资合计 | 10000 | 10000 | 30000 | 5000 | 55000 |
| | 合　　计 | 110000 | 60000 | 230000 | 50000 | 450000 |

项目逐年投资的估算如表 5－2 所示。

**表 5－2　　企业项目逐年投资估算表**　　单位：万元

| 序　号 | 工程或费用名称 | 2007 年 | 2008 年 | 2009 年 | 2010 年 | 2011 年 | 合　计 |
|---|---|---|---|---|---|---|---|
| A1 阶段 | 工程费用 | 100000 | 175000 | 75000 | | | 350000 |
| | 购地费 | 15000 | 10000 | | | | 25000 |
| | 其他费用及预备费 | 5000 | 7500 | 7500 | | | 20000 |
| | A1 阶段投资合计 | 120000 | 192500 | 82500 | | | 395000 |
| B1 阶段 | 工程费用 | 10000 | 20000 | 10000 | 5000 | 5000 | 50000 |
| | 购地费 | | 2500 | | | | 2500 |
| | 其他费用及预备费 | | 1000 | 500 | | 1000 | 2500 |
| | B1 阶段投资合计 | 10000 | 23500 | 10500 | 5000 | 5000 | 55000 |
| 合　计 | | 130000 | 216000 | 93000 | 50000 | 6000 | 450000 |
| 年度比例 | | 28.89% | 48.00% | 20.67% | 1.11% | 1.33% | 100.00% |

根据设备投资概算价值和年度投资估算比例，2007 年下半年、2008～2010 年的设备投资额分别为：33222 万元（折半计算）、110400 万元、47523.5 万元、2555.5 万元，共计 193711 万元。

假如以 2004～2006 年增值税整体税负 6% 为分析基础，并预计某企业 2007 年下半年、2008～2010 年企业的销售收入总额分别为 400000 万元、750000 万元、900000 万元、1250000 万元，按过去三年的增值税整体税负率测算，则预计应交增值税分别为 24000 万元、45000 万元、54000 万元及 75000 万元。如果该企业能受益于增值税转型，则今后三年半时间内能分别降低应交增值税额

4827 万元、16041 万元、6906.5 万元、371.5 万元，合计 28146（193711 ÷ 1.17 × 17%）万元。整体增值税税负率由假定的 6% 分别下降至 4.79%、3.86%、5.23%、5.97%，三年综合税负率降至 5.15%，降低幅度超过 14%，降低税负的效应非常明显，即设备投资额越大，企业受益越多。税负效应如表 5－3 所示。

表 5－3 不同增值税类型税负效应表 单位：万元

| | 年　份 | 销售收入 | 应缴增值税 | 税负；% |
|---|---|---|---|---|
| 生产型增值税 | 2007 下半年 | 400000 | 24000 | 6.00 |
| | 2008 年 | 750000 | 450000 | 6.00 |
| | 2009 年 | 900000 | 54000 | 6.00 |
| | 2010 年 | 1250000 | 75000 | 6.00 |
| | 合　计 | 3300000 | 198000 | 6.00 |
| 消费型增值税 | 2007 下半年 | 450000 | 19173 | 4.79 |
| | 2008 年 | 750000 | 28959 | 3.86 |
| | 2009 年 | 900000 | 47093.5 | 5.23 |
| | 2010 年 | 1250000 | 74628.5 | 5.97 |
| | 合　计 | 6600000 | 169854 | 5.15 |

2. 对企业直接税税负的影响

增值税转型对直接税税负的影响主要是指企业所得税税负。转型对企业所得税的影响主要体现在两方面：一方面是对固定资产入账价值的影响，进而导致对折旧额的影响；另一方面是对营业税金及附加的影响。这两方面的影响最终都将导致企业税前列支项目数额的变化，从而使企业应纳税所得额发生相应变化。

若增值税类型为生产型增值税，则由于企业购进的固定资产不允许抵扣，相应为购进固定资产所发生的运费也不允许扣除，所以企业购买固定资产的入账价值主要包括以下几部分：固定资产的购买价格 P 和购进固定资产所含的增值税 T，运费 f 和运费的增值税 t 等。即：$V_1 = P + T + f + t$。如果增值税类型为消费型增值税，则企业为购买固定资产所发生的增值税和其运费的增值税均可以抵扣，那么固定资产的入账价值即为：$V_2 = P + f$。通过以上分析可知，在购买固定资产的当期，由于不同的增值税类型将导致企业固定资产的入账价值有所不同，在消费型增值税下，固定资产的入账价值较生产型增值税小，那么在固定资产折旧期间，消费型增值税的每期折旧额比生产型增值税低，这使得企业在折旧期间的利润增加，从而缴纳的企业所得税增加。

由于应交增值税的降低，主营业务税金及附加也同时降低，企业税前可供列支金额减少，应纳税所得额增加，因而应缴纳的所得税增加。

仍以上面的数据为基础，分析转型对企业所得税税负的影响。由于企业应纳增值税的降低，企业应纳城建税和教育费附加也相应降低。将分别减少482.5万元、1604万元、690.5万元和37万元，合计为28146（281460×10%）万元，使利润总额等额升高。受上述折旧额和主营业务税金及附加的影响，如企业所得税率统一按25%测算，则预计每年分别增加企业所得税241.5万元、922.5万元、867万元、713万元，合计为2743.5万元。具体影响如表5－4所示。

表5－4　　增值税转型对企业所得税税负影响表　　单位：万元

| 项　　目 | 2007下半年 | 2008年 | 2009年 | 2010年 | 合　　计 |
|---|---|---|---|---|---|
| 降低的税金附加 | 482.5 | 1604.0 | 690.5 | 37.0 | 2814.5 |
| 降低的折旧额 | 482.5 | 2086.5 | 2777.0 | 2814.0 | 8160.0 |
| 升高的利润额 | 865.0 | 6690.5 | 3467.5 | 2851.0 | 10974.5 |
| 增加的企业所得税 | 241.5 | 925.5 | 867.0 | 713.0 | 2743.5 |
| 升高的净利润 | 724.0 | 2768.0 | 2600.5 | 2135.5 | 8231.0 |

可见，如果该企业能受益于增值税转型，则将升高企业净利润8321万元，对企业的经营效应是有促进作用的。

（二）增值税转型对企业财务的影响

1. 对企业利润的影响

在投资额度不变的前提下，采用消费型增值税，由于新增固定资产的进项税额被一次性全额抵扣，使得固定资产的原价降低，折旧费用相应减少，投资当年的利润可能有较大幅度的上升。如果消费型增值税导致投资幅度大幅提高，那么，一方面，投资扩张当年，由于固定资产投资的建设周期各异，由消费型增值税刺激造成的投资增长反映在营业收入的增长幅度上会各不相同；另一方面，投资扩张当年，财务费用增加，将抵消部分由进项税额抵扣带来的利润提升，而以后年度由于不再享受增值税抵扣优势，利润状况将重新取决于新增固定资产的建设周期、投资回报与折旧和财务费用之间的关系。一般对于投资额较大，投资回收期较长的项目，次年的利润可能由于折旧费用和财务费用的增加幅度大于当年新增固定资产对经营利润的影响而有所下降，但是并不影响净利润的绝对上升趋势。可见，固定资产的不含税价格越高，折旧额越大，对净利润项目的影响就越大。总的来说，在消费型增值税下，企业不同年度的利润表数额波动较大。

2. 对企业现金流的影响

相对于生产型增值税，消费型增值税对企业生产性固定资产投资项目现金流的影响主要表现在三个方面：一是固定资产所含的进项税款可以从当期销项税额中予以抵扣，从而使企业当期缴纳的增值税额减少，这相当于等量增加了企业的现金流入；二是由于增值税的减少引起以它作为税基的城建税和教育费附加的减少，这会节省企业的现金流出；三是由于固定资产原值以税外价入账，导致每年提取的折旧减少，在销售额不变的情况下，企业利润总额增加，相应地就要给国家多交所得税，这会等量增加企业各期的现金流出。如果不考虑货币的时间价值和未来因生产规模扩大而增加的现金流入，将这三种影响综合起来，企业当期因转型带来的现金流的节省正是企业当期因转型从国家所获得的税收减负，即：转型使企业当期节省的现金流 = 当年允许抵扣的固定资产税款 + 由此减少的城建税和教育费附加 - 因固定资产折旧减少而增加的所得税。

假设 A 为企业当年新增允许抵扣类固定资产的不含税价，增值税税率为17%，折旧率为 R，所得税税率为25%，该企业适用7%的城建税率、3%的教育费附加率，在不考虑时间价值的情况下，企业当期因转型带来的现金流的节省额为：

$$A\times 17\% + A\times 17\% \times 10\% - A\times 17\% \times (R+10\%) \times 25\%$$

由以上分析可知，在投资额度不变的前提下，投资当年，消费型增值税由于增值税支付的减少而使企业的现金保有量提升，还可能由于新增固定资产的作用而使净经营现金流入有所增加，但以后年度的现金流不再受增值税的直接

影响。考虑到消费型增值税对投资的刺激作用，企业的投资现金支出可能会大幅增长。在企业自有资金不足的情况下，还会带动利息支出的大幅增长。另外，不同建设周期的投资项目对营业收入的影响也不尽相同。因而企业以后年度现金流取决于新增固定资产对经营现金流的增加作用与利息支付及债务偿还所支出的融资现金流之差。

结合一张计算表对增值税转型对企业投资当期现金流所造成的影响进行详细的分析。假定购入的固定资产价值 1000 万元，进项税额 170 万元；A 代表无固定资产进项税额可供抵扣；B 代表生产型增值税，进项税额计入固定资产成本，并按年限计提折旧；C 代表消费型增值税，进项税额不计入固定资产成本，但可全部作为当年进项税来抵扣。在不考虑运费及城建税和教育费附加的情况下，不同增值税类型对企业现金流量的影响如表 5 - 5 所示。

**表 5 - 5　不同增值税类型下企业现金流量比较一览表**　单位：万元

| 项　目 | 行次 | A | B | C |
| --- | --- | --- | --- | --- |
| 一、产品销售收入 | 1 | 2000.00 | 2000.00 | 2000.00 |
| 减：产品销售成本 | 2 | 600.00 | 600.00 | 600.00 |
| 购入固定资产新增折旧费用 | 3 | 0.00 | 170.00 | 0.00 |
| 产品销售费用 | 4 | 100.00 | 100.00 | 100.00 |
| 产品销售税金及附加 | 5 | 50.00 | 50.00 | 50.00 |
| 二、产品销售利润 | 6 | 1250.00 | 1080.00 | 1250.00 |
| 加：其他业务利润 | 7 | 0.00 | 0.00 | 0.00 |
| 减：管理费用 | 8 | 200.00 | 200.00 | 200.00 |
| 财务费用 | 9 | 50.00 | 50.00 | 50.00 |
| 三、营业利润 | 10 | 1000.00 | 830.00 | 1000.00 |
| 加：投资收益 | 11 | 0.00 | 0.00 | 0.00 |
| 营业外收入 | 12 | 0.00 | 0.00 | 0.00 |
| 减：营业外支出 | 13 | 0.00 | 0.00 | 0.00 |
| 四、利润总额 | 14 | 1000.00 | 830.00 | 1000.00 |
| 减：所得税（税率 25%） | 15 | 250.00 | 207.50 | 250.00 |
| 五、净利润 | 16 | 750.00 | 622.50 | 750.00 |
| 增值税销项税额 | 17 | 340.00 | 340.00 | 340.00 |

续表

| 项　　目 | 行次 | A | B | C |
|---|---|---|---|---|
| 减：增值税进项税额（不含固定资产） | 18 | 100.00 | 100.00 | 100.00 |
| 固定资产进项税额 | 19 | 0.00 | 0.00 | 170.00 |
| 应纳增值税额 | 20 | 240.00 | 240.00 | 70.00 |
| 增值税与所得税合计数（现金流出量） | 21 | 490.00 | 447.50 | 320.00 |

3. 对企业资产运营能力的影响

（1）资产运营指标的变化。固定资产周转率是一项重要的资产运营指标。固定资产周转率 = 营业收入 ÷ 固定资产。固定资产周转率越大，资产的运营效率越高。在营业收入不变的情况下，由于转型后固定资产减少，将使该比率上升。

（2）盈利能力指标的变化。净资产报酬率能反映企业的盈利能力。由于转型后净资产不变、净利润增加，因此，净资产报酬率增加。

（3）偿债能力指标的变化。利息保障倍数是衡量长期偿债能力的重要财务指标之一，流动比率和速动比率是衡量企业短期偿债能力的重要指标之一，同时利息保障倍数、流动比率和速动比率等也是银行向企业发放贷款和确定利率的重要指标。利息保障倍数为税前利润与利息费用之和与利息费用之比，即利息保障倍数 =（税前利润 + 利息费用）÷ 利息费用。

一般来说，一家企业的利息保障倍数越高，其偿债压力就越小，公司债券等级就越高。高等级的债券不仅发行顺畅，而且利率较低，可以降低公司的财务费用。增值税转型抵扣固定资产增值税后，固定资产成本降低，计入损益的折旧费用减少，企业利润相应增加。因此，在利息费用保持不变的情况下，增值税转型必然会使企业利息保障倍数提高。可见，增值税转型有利于提高上市企业公司长期的偿债能力，降低财务风险。增值税转型在降低企业增值税税负的同时，城建税和教育费附加也相应降低，但企业所得税会随着利润总额的调增而有所增加。尽管如此，转型后使企业各种税收（含教育费附加）增减相抵后的总体税负仍然较转型前降低，企业上交国家税金的现金（含银行存款）支出会因此减少，而流动负债保持不变，企业的流动比率会由此增加。由于银行存款是企业的速动资产，银行存款及流动资产的变化将引起流动比率与速动比

率同方向的变化。因此，增值税转型将有利于改善企业的财务状况，增强企业的短期偿债能力。

## 二、企业如何抓住增值税转型的历史性机遇

增值税实行由生产型向消费型转型，可以抵扣购进设备所含的增值税，相当于给企业17%的补贴，可以调动企业增加机器设备、进行技术改造的积极性，也有利于企业进一步扩大再生产。消费型增值税制度下企业成本降低，相应地增加了企业利润，无疑对企业更加有利。同时这一政策也将激励企业外部资金的投入，把企业目前更新设备的投资负担降下来，迅速提高企业更新改造能力。图5－1为增值税转型对企业固定资产投资影响的经济学分析。

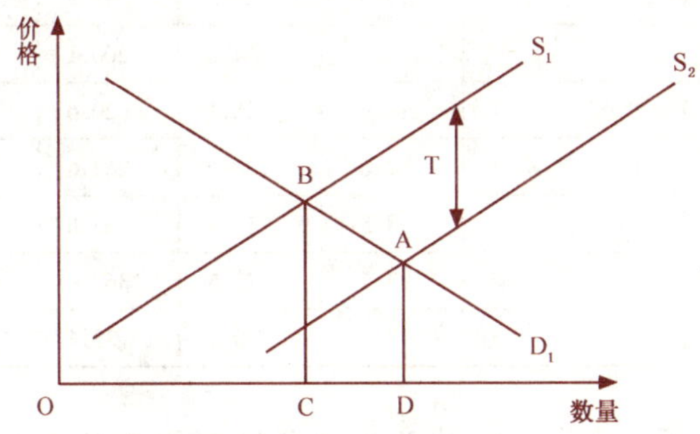


图5－1 增值税转型对企业固定资产投资影响的经济学分析

企业投资的主要目的在于取得投资收益。根据经济学原理，在完全竞争条件下，市场均衡点是供给曲线和需求曲线相交的点，这一点为增值税前点。如图5－1，$D_1$代表需求曲线，$S_1$和$S_2$代表供给曲线，双方各有一定弹性。征税前均衡产量为OD，征增值税T以后，均衡产量为OC，产量减少了CD，若投入产出率不变，则投资也成比例减少。当采用消费型增值税时，由于只对消费品征税，对投资品免税，在税收收入一定的情况下，相当于把按流转全额征税下由投资品负担的税款转移给实行消费型增值税下的消费品负担，投资品的成本大大降低。在总收益一定时，成本的降低必然提高投资收益率，这有利于刺激投资，扩大投资需求。

以增值税首批试点地区东北三省为例来分析增值税转型对固定资产投资的

影响，可以清楚地看到增值税转型在总体上促进了东北三省投资的增长。如表5-6所示，增值税转型前，东北三省的投资增长缓慢，其中黑龙江省投资增长率最低，投资增长率在2002年、2003年都低于东北三省的平均水平。增值税转型后，东北三省的平均投资增长率迅速上扬，并在2005年、2006年保持相对稳定增长状态。其中吉林省的投资增长势头最好，2005年比2004年投资增长率高出29.5个百分点，2006年比2005年投资增加1044.7亿元，投资增长率也比上年高出近10个百分点。

**表5-6　　东北三省全社会固定资产投资及其增长情况对比表**　　单位：亿元

| | | 2002年 | 2003年 | 2004年 | 2005年 | 2006年 |
|---|---|---|---|---|---|---|
| 辽宁省 | 投资增量 | 184.4 | 480.8 | 903.2 | 1224.1 | 1485.3 |
| | 投资增长率（%） | 13 | 29.3 | 43.5 | 41.1 | 34.8 |
| 吉林省 | 投资增量 | 132.5 | 134.8 | 200.1 | 586.2 | 1044.7 |
| | 投资增长率（%） | 18.9 | 16.1 | 20.6 | 50.1 | 59.5 |
| 黑龙江省 | 投资增量 | 82.6 | 120.0 | 264.6 | 363.4 | 441.7 |
| | 投资增长率（%） | 8.57 | 11.4 | 22.6 | 25.3 | 29.1 |
| 东北三省 | 投资增量 | 399.5 | 725.6 | 1367.9 | 2173.7 | 2971.7 |
| | 投资增长率（%） | 12.9 | 20.8 | 32.4 | 38.9 | 38.3 |

由表5-6可以看出东北地区作为增值税转型的试点地区，其投资增量及投资增长率迅速增加，投资增长势头良好。而此次的增值税改革相比试点时期更具有覆盖全国、全额抵扣、全行业转型的鲜明特征，旨在启动中国经济新一轮增长，在全社会鼓励投资和扩大内需，是一项拉动宏观经济增长的重大减税政策。此次转型无疑是广大生产型企业的一个发展良机，其中的最大受益者，将是那些对设备投资大、资本有机构成高的技术密集型企业，如冶金、石化、汽车制造等行业。他们能够在扩大规模、追加设备投资方面获得较大的进项税抵扣，降低摊入产品成本的折旧，从而提高公司的盈利能力和核心竞争力。企业应抓住这个历史性的机遇、扩大企业规模、合理追加设备投资、调整企业资产结构，从而提高公司的盈利能力和核心竞争力。

（一）增值税转型下企业相应的投资决策

消费型增值税抵扣范围的扩大有利于增加可支配资金，提高投资报酬率，

降低项目的投资门槛，通过允许设备进项税抵扣使企业的税负减轻直接刺激企业的设备投资，这是转型对企业的最大影响，其他方面的影响都是建立在此基础上的。

1. 适时扩大投资总水平，选择合适的投资方向与投资方式

在现有增值税制度下，固定资产投资额为含增值税投资额。实行消费型增值税后，由于购进固定资产的进项税额可以抵扣，固定资产投资额为不含增值税投资额。实行消费型增值税将减轻企业税负，降低投资成本，有利于企业增加投资，尤其是对于机器设备投资比重较高、资产耗损较快、投资回报率较低的行业，此次的转型是企业更新设备，增加投资和扩大企业规模的一个良机。增值税转型改革，不仅使采购机器设备规模大、机器设备投资比重高的行业受益，也使那些重型设备制造行业受益，其受益程度取决于增值税变化对其下游行业的投资刺激力度。

对于投资方向的选择，一方面因为增值税抵扣直接减少了入账固定资产的成本，同时它又通过对损益表相关项目的调整影响企业税后净利进而提高以后年度的投资收益率，因而企业的投资应倾向于能够带来进项税抵扣的设备投资。另一方面，增值税转型是国家运用经济杠杆支持国有企业改革、加快产业结构调整、促进企业技术改造和向高新技术发展的背景下提出，并已付诸实施的一项宏观调控政策。在投资策略上，不仅要考虑现有的存量资产和产品结构，还必须定位在国家产业政策鼓励的项目上，从投资资金上予以倾斜，促进产品结构的优化调整。对市场潜力大、技术含量高的项目给予优先投资。对效益低下及国家产业政策限制或不鼓励发展的项目，应定位为退出产业。在投资导向上，应加快对主营业务影响较大的设备的更新和改造力度，提高主要产品制造质量，保持对企业核心竞争力的投资支持，增强可持续发展的能力。

最后是选择合适的投资方式。不同投资方式的选择可能产生不同的税收负担，如企业对自建行为与并购行为的选择。因为被并购企业原有的固定资产不能抵扣，企业在可能的情况下，应尽可能自建。

2. 注意转型对投资决策指标的影响，避免投资决策的失误

在财务理论上，NPV(净现值)法是基本的投资决策方法。在企业年销售量、产品价格不变的情况下，两种不同类型的增值税对投资方案的影响主要取决于其现金流入和流出现值的数量关系。若企业净现值为正，则激励投资；反之亦

然。企业投资主体在进行新建项目或更新改造项目投资决策时一般都要计算所得税；而在确定现金流入量时，如果将增值税销项税额与进项税额之差列入“其他现金流入量”项目，则应交增值税也要包括在内，但以增值税作为税基之一的城建税和教育费附加在长期投资评估决策时一般不予考虑。假定企业购进生产性设备的不含税价为A，增值税税率为17%，固定资产使用期限为n年，税法规定按“直线法”计提折旧，残值为0，贴现率为i，企业税前利润为B，所得税税率为25%，此时两种类型增值税所计算的现金流及其净现值如表5－7所示。

**表5－7　　不同增值税类型下的NPV值**

| 项　　目 | 生产型增值税 | 消费型增值税 |
|---|---|---|
| 可以抵扣的进项税额 | 0 | $A\times17\%$ |
| 每年计提的折旧额 | $A\times(1+17\%)/n$ | $A/n$ |
| 每年缴纳的所得税 | $B\times25\%$ | $(B+A\times17\%/n)\times25\%$ |
| 累计缴纳所得税现值 | $\sum_{t=1}^{n}\frac{B\times25\%}{(1+i)^t}$ | $\sum_{t=1}^{n}\frac{(B+A\times17\%/n)}{(1+i)^t}\times25\%$ |
| 现金流量净现值 | $NPV_1$ | $NPV_2$ |

其中 $NPV_2 = NPV_1 + A\times17\% - \sum_{t=1}^{n}\frac{(A\times17\%/n)}{(1+i)^t}\times25\%$

因为 $A\times17\% - \sum_{t=1}^{n}\frac{(A\times17\%/n)}{(1+i)^t}\times25\% > 0$，所以消费型增值税下的现金流量净现值总是大于生产型增值税下的该指标。因而增值税的转型会使项目可行的边界扩大，使原来不可行的项目现在也有可能可行，故而企业应慎重判断投资的可行性。在投资决策上，始终坚持谨慎性原则，防止盲目投资和低水平重复投资是科学投资的前提。当前尤其应该注重的是，固定资产投资必须以充分的流动资金作保证。尽管增值税转型后能够减少一部分资金的流出，但在我国资本市场尚不健全的现阶段，企业融资渠道狭窄、生产经营资金稀缺的状况依然十分严重。如果在固定资产投资完成后没有足够的流动资金推动固定资产的正常运转，造成固定资产相对过剩或绝对过剩，不仅会造成资金的大量沉淀，而且降低了总资产的收益率，增大了经营风险。

3. 固定资产的投资管理策略

此次的增值税转型将对企业的固定资产投资总额产生较大影响，尤其对设

备投资的比例将产生较为直接的影响，继而也会对资本的有机构成和产品的科技含量产生决定性的影响。一般说来，企业为扩大生产规模和提升产品的技术含量会不断地增加固定资产的投资，因而资本的有机构成也越来越高，每一个劳动力所支配的生产资料的数量也越来越多，产品的生产技术水平、劳动生产率和市场竞争的能力也得到提高。这对改变目前低技术产品过剩、高技术产品相对较少的产品结构和老企业设备陈旧、技术水平落后、生产效率低下的状况具有深远的意义。而企业在扩大固定资产投资时应注意以下几个方面，以降低企业投资成本并提高投资的有效性。

首先要抓住增值税转型机遇，把握好固定资产购置时机。实现增值税由生产型向消费型的转变，不仅有利于促进资本性投资的增长，而且有利于降低实际税负和生产成本。一般来说，购进企业选择在出现大量销项税额时期购入，这样在固定资产购进过程中就可以实现进项税额的全额抵扣。否则，若在一定时期购进固定资产的进项税额大于该时期的销项税额，则购进固定资产时就会出现一部分进项税额不能实现抵扣，从而降低固定资产抵扣的力度。因此，增值税转型后，企业必须对固定资产投资做出财务预算，合理规划投资活动的现金流量、分期分批进行固定资产更新，以实现固定资产投资规模、速度与企业财税目标的相互配合。

其次，缩短固定资产建设周期，提高企业资金的使用价值。企业在进行固定资产投资时往往需要投入大量的资金，而其完工才允许抵扣的规定会影响其建设期资金的时间价值及企业对高投资回报率的追求，因此企业应尽可能地加快建设进度、缩短购建周期，提高资金的使用价值与投资回报率。

再次，企业需树立前瞻意识，不断优化固定资产投资结构。固定资产投资对企业生存与发展具有战略意义。应当明确，一旦投资形成，在科学技术不断进步，竞争环境急剧变化的冲击下，原有的技术优势会随着时间的推移不断衰减，甚至沦为劣势。因此，企业在投资时应有充分的前瞻意识，把投资政策与战略发展结构、提升核心竞争能力相结合，形成实现战略发展目标过程中不同时期、不同阶段的战术性投资行为，以持续的技术领先推动市场竞争优势。在保持固定资产投资增长或稳定的同时，使投资活动具有合理的弹性，以有效规避各种风险，促进投资收益的最大化。

（二）增值税转型下企业相应的融资决策

增值税的转型会刺激企业的投资，企业投资规模的增大，必然刺激企业的融资活动。设备投资所需资金量巨大，企业除了利用已有积累及内部融资来进行投资外，一般还需要通过发行新股、银行贷款、发行债券等外部筹资活动来筹集设备投资所需要的资金。筹资决策的关键是要在借款与权益资金之间做出选择。由于借款利息的固定不变（不因企业盈利的增加而增加，也不因企业盈利的减少而减少），在投资报酬率高于利率时，企业应该多借款，从而提高权益资金的报酬率；如果投资报酬率等于利率时，则筹资结构对权益资金的报酬率没有影响；如果投资报酬率小于利率时，则多借款反而会降低权益资金的报酬率。增值税由生产型转向消费型，会提高企业的投资报酬率，在利率不变的条件下，企业的筹资结构中，可以适当增加借款的比重。

（三）增值税转型下企业相应的分配决策

增值税转型改革会减少企业的纳税额，增加企业的收益，同时由于投资的增加也可能会带来收入与利润的增加，但企业能否增加利润分配的额度，取决于现金流量。在投资年度，由于转型会减少企业的纳税额从而减少了现金流出。但转型刺激企业增加投资力度，增加现金流出，两者相抵之后，企业总的现金流量反而会减少。在投资的以后年度，随着企业不断收到投资回报，企业的现金流状况应会逐渐改善。但在投资当期，企业应根据自身的经营状况和财务状况，考虑企业的战略目标，合理地做出分配决策，不应仅仅因为增值税转型改革就盲目增加企业的利润分配。

此次的增值税改革是中国历史上单项税制改革中减税力度最大的一次。减税除了对宏观经济产生刺激作用外，增值税转型改革还可有针对性地产生三种效用：其一，消除生产型增值税制下产生的重复征税弊端，降低企业设备投资的税收负担；其二，降低外商投资企业不当享有的超国民待遇，推动内外资企业平等参与市场竞争；其三，缓解中小企业负担过重的不利状况，促进城乡劳动人口充分就业。在增值税转型的政策环境下，面对如此发展良机，企业要充分地做好整体的经营规划，要对自身和所处环境进行全方位的深入分析。从宏观上，企业应该进行充分的国家政策分析、市场分析、发展方向分析等，保证企业的发展定位准确，避免遭受政策变化引起的损失，并最大限度享受政策优惠。在微观上，企业要正确认识自身的类型及所处的阶段，通过更新投资评价体系、制定合理的投融资计划，为企业经营提供强有力的支持。

# 附 录 一

## 增值税最新账务处理图解

### （一）增值税进项税额及其转出的账务处理

1. 增值税进项税额账务处理

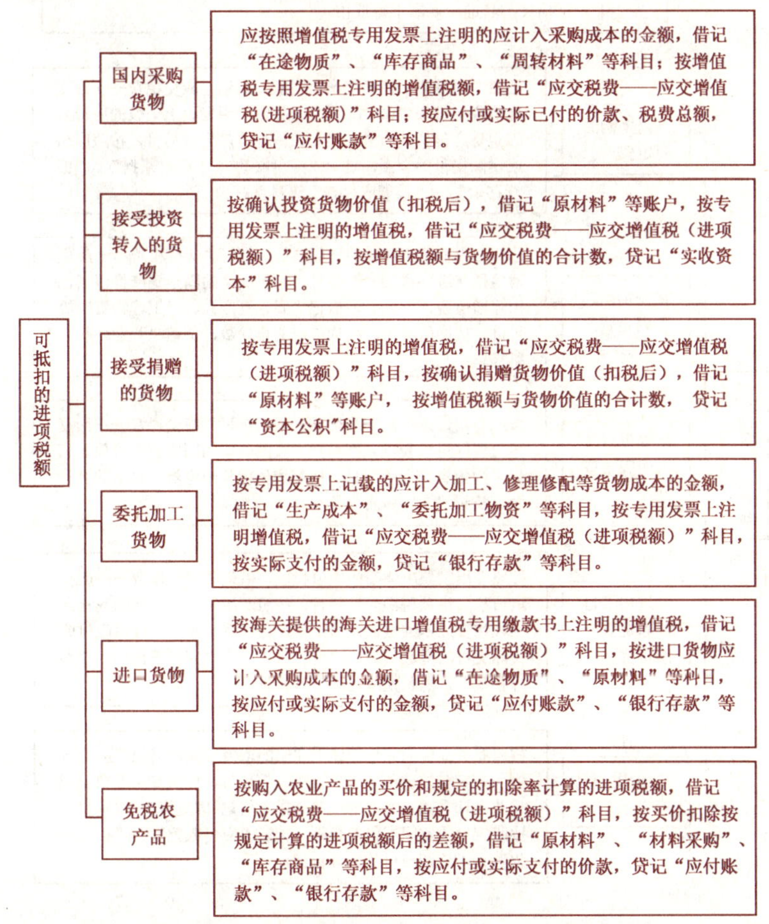

**不可抵扣进项税额**

- 一般纳税人在购入货物时（不包括购进免税农业产品），只取得普通发票的，应按发票所累全部价款入账，不得将增值税分离出来进行抵扣处理。在编制会计分录时，借记“材料采购”、“原材料”、“制造费用”、“管理费用”、“其他业务成本”等科目；贷记“银行存款”、“应付票据”、“应付账款”等科目。
- 企业购入货物及接受应税劳务直接用于非应税项目，或直接用于免税项目以及直接用于集体福利和个人消费的，按其专用发票上注明的增值税额，计入购入货物及接受劳务的成本。借记“在建工程”、“应付职工薪酬”等科目，贷记“银行存款”等科目。
- 企业在货物购进过程中，如果发生意外事故或因管理不善致使购进的货物发生非正常损失，其进项税额不得抵扣。

**固定资产进项税额**

- 国内采购的固定资产：按照专用发票上注明的增值税额，借记“应交税费——应交增值税（进项税额）”科目，按照专用发票上记载的应计入固定资产价值的金额，借记“固定资产”等科目，按照应付或实际支付的金额，贷记“应付账款”、“应付票据”、“银行存款”、“长期应付款”等科目。
- 接受捐赠转入固定资产：按照专用发票上注明的增值税额，借记“应交税费——应交增值税（进项税额）”科目，按照确认的固定资产价值（已扣除增值税，下同），借记“固定资产”、“工程物资”等科目，按增值税额与货物价值的合计数，贷记“营业外收入”科目。
- 接受投资转入的固定资产：按照专用发票上注明的增值税额，借记“应交税费——应交增值税（进项税额）”科目，按照确认的固定资产价值，借记“固定资产”等科目，按照增值税与固定资产价值的合计数，贷记“实收资本”等科目。
- 购进用于自制固定资产的货物：按照专用发票上注明的增值税额，借记“应交税费——应交增值税（进项税额）”科目，按照专用发票上记载的应计入工程物资成本的金额，借记“工程物资”账户，按照应付或实际支付的金额，贷记“应付账款”、“应付票据”、“银行存款”、“长期应付款”等科目。
- 进口固定资产：按照海关提供的完税凭证上注明的增值税额，借记“应交税费——应交增值税（进项税额）”科目，按照专用发票上记载的应计入固定资产价值的金额，借记"固定资产"等科目，按照应付或实际支付的金额，贷记“应付账款”、“银行存款”、“长期应付款”等科目。

2. 进项税额转出账务处理

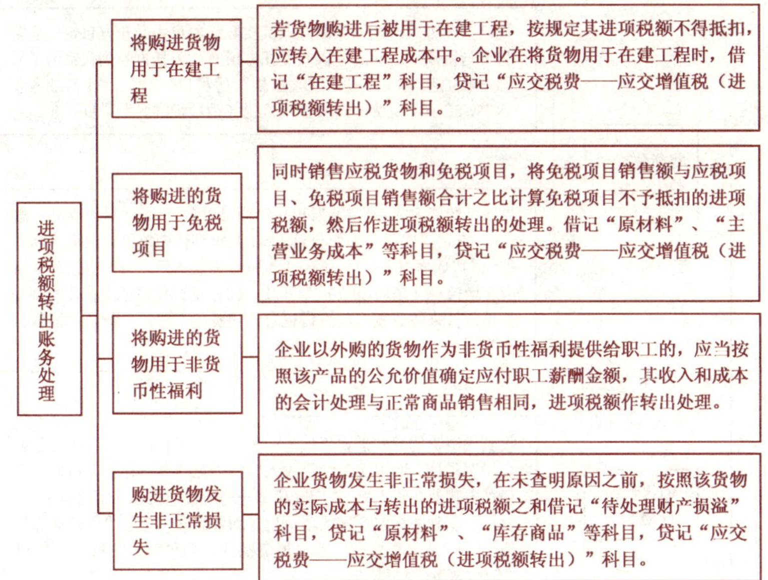


## （二）增值税销项税额会计账务处理

1. 一般销售方式下销项税额的账务处理

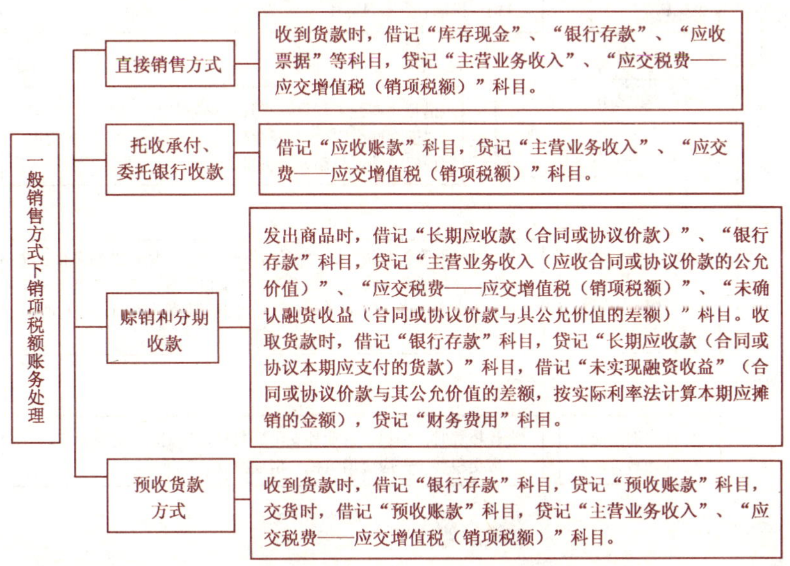

2. 视同销售方式下销项税额的账务处理

视同销售方式下销项税额的账务处理

- 将货物交付他人代销
  - 视同买断方式，视同买断方式其实际售价可由受托方自定，实际售价与协议价之间的差额归受托方所有。委托方收到代销清单时，按应收的款项，借记“应收账款”等科目，贷记“主营业务收入”、“应交税费——应交增值税（销项税额）”科目。
  - 收取手续费方式：（1）发出代销商品时，借记“发出商品”账户，贷记“库存商品”科目。（2）收到代销单位的代销清单时，借记“应收账款”科目，贷记“主营业务收入”、“应交税费——应交增值税（销项税额）”科目。（3）支付代销手续费并收到受托单位转来普通发票后，借记“销售费用”账户，贷记“银行存款”科目。
- 销售代销货物
  - 收到代销货物时，借记“代理业务资产”科目，贷记“代理业务负债”科目。取得实际销售收入时，借记“银行存款”科目，贷记“主营业务收入”、“应交税费——应交增值税（销项税额）”科目。收到委托方开来的增值税专用发票时，借记“代理业务负债”、“应交税费——应交增值税（进项税额）”科目，贷记“应付账款”科目。
- 将货物从一个机构移送至其他机构
  - 发出货物，借记“应收账款——调入方（价税合计数）”，贷记“主营业务收入（确定的价格）”、“应交税费——应交增值税（销项税额）”科目。
- 将自产或委托加工的货物用于非应税项目、职工福利及个人消费
  - 借记“在建工程”、“其他业务支出”等科目，贷记“库存商品”、“原材料”、“应交税费——应交增值税（销项税额）”科目。
- 自产、委托加工的货物用于投资、分配股利
  - 借记“长期股权投资”、“应付股利”科目，贷记“主营业务收入”、“其他业务收入”、“营业外支出”等，贷记“应交税费——应交增值税（销项税额）”、“银行存款”科目（支付的相关税费）。
- 将自产委托加工的货物赠送他人
  - 会计核算时，借记“营业外支出”科目，贷记“库存商品”、“应交税费——应交增值税（销项税额）”科目。

3. 特殊销售业务的账务处理

- 特殊销售业务的处理
  - 采取折扣方式销售
    - 现金折扣：现金折扣是一种融资性的理财费用，因此，其折扣额不得从销售额中减除，应按原销售额计算交纳增值税。在会计处理时，现金折扣计入"财务费用"科目。
    - 实物折扣：税法规定，如果销售者将自产、委托加工和购买的货物用于实物折扣的，则该实物价款不得从货物销售额中减除，且该实物应按增值税暂行条例“视同销售货物”中的“赠送他人”计算增值税。
  - 以物易物销售
    - 不涉及补加的，借记“原材料”（换出资产的公允价值减去可抵扣的增值税进项税额后的差额加上应支付的相关税费）、“应交税费——应交增值税（进项税额）”、“存货跌价准备”科目、贷记“主营业务收入”、“应交税费——应交增值税（销项税额）”、“银行存款”（支付的相关税费）。结转成本，借记“主营业务成本”，贷记“库存商品”（换出资产的账面余额）。
    - 涉及补价，借记“原材料”（换出资产的公允价值减去补价加上应支付的相关税费）、“应交税费——应交增值税（进项税额）”、“存货跌价准备”、“银行存款”（收到的补价），贷记“主营业务收入”、“应交税费——应交增值税（销项税额）”、“银行存款”（支付的相关费用）。结转成本，借记“主营业务成本”，贷记“库存商品”（换出资产的账面价值）。
  - 包装物出售、出租
    - 1. 包装物随同货物一同出售，不论是否单独计价，均应计入销售额计征增值税，借记“银行存款”、“应收账款”，贷记“主营业务收入”、“其他业务收入”及“应交税费——应交增值税（销项税额）”科目。
    - 2. 包装物出租，在收取包装物押金时，借记“银行存款”科目，贷记“其他应付款”科目。逾期不再退还的包装物押金应借记“其他应付款”科目，贷记“其他业务收入”、“应交税费——应交增值税（销项税额）”科目。
  - 以旧换新和还本销售方式
    - 会计核算时，借记“银行存款”、“库存商品”科目，贷记“主营业务收入”、“应交税费”科目。以还本销售方式销售货物实质属于一种融资行为，其销售额就是货物的销售价格，并且不得从销售额中减除还本支出，其会计处理与一般货物销售相同。

## （三）应交增值税明细表的填报

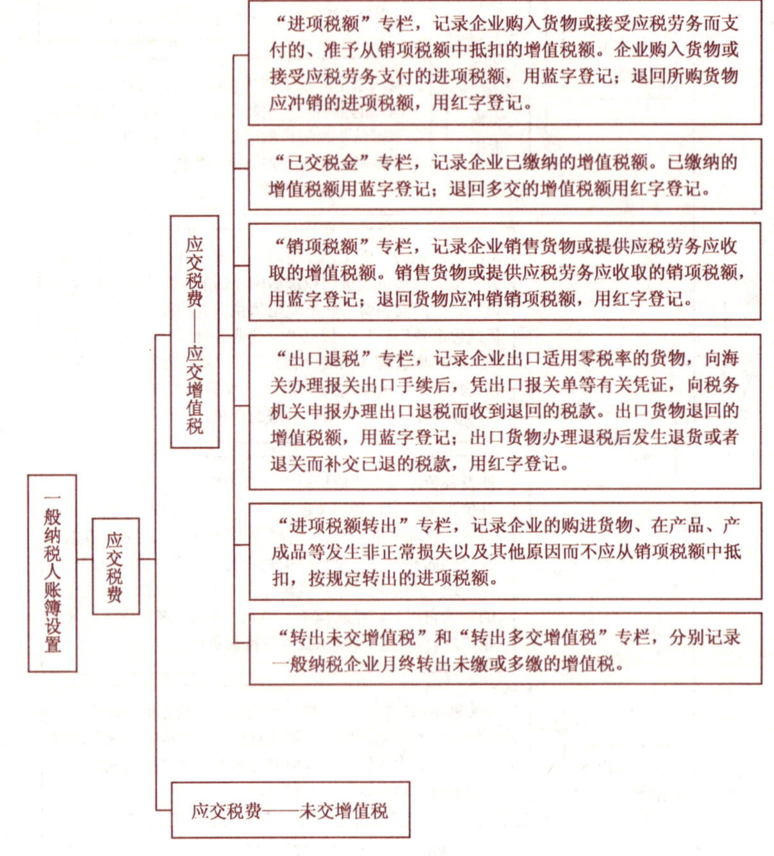

# 附录二

## 中华人民共和国增值税新旧暂行条例对照表

| 旧条例 | 新条例 | 变化要点 |
| --- | --- | --- |
| 国务院令 1993 年第 134 号 | 国务院令 2008 年第 538 号 | |
| | (1993 年 12 月 13 日中华人民共和国国务院令第 134 号发布 2008 年 11 月 5 日国务院第 34 次常务会议修订通过) | |
| 第一条　在中华人民共和国境内销售货物或者提供加工、修理修配劳务以及进口货物的单位和个人，为增值税的纳税义务人（以下简称纳税人），应当依照本条例缴纳增值税。 | 第一条　在中华人民共和国境内销售货物或者提供加工、修理修配劳务以及进口货物的单位和个人，为增值税的纳税人，应当依照本条例缴纳增值税。 | |
| 第二条　增值税税率： | 第二条　增值税税率： | |
| （一）纳税人销售或者进口货物，除本条第（二）项、第（三）项规定外，税率为 17%。 | （一）纳税人销售或者进口货物，除本条第（二）项、第（三）项规定外，税率为 17%。 | |
| （二）纳税人销售或者进口下列货物，税率为 13%： | （二）纳税人销售或者进口下列货物，税率为 13%： | |
| 1. 粮食、食用植物油； | 1. 粮食、食用植物油； | |
| 2. 自来水、暖气、冷气、热水、煤气、石油液化气、天然气、沼气、居民用煤炭制品； | 2. 自来水、暖气、冷气、热水、煤气、石油液化气、天然气、沼气、居民用煤炭制品； | |

续表

| 旧条例 | 新条例 | 变化要点 |
| --- | --- | --- |
| 3. 图书、报纸、杂志； | 3. 图书、报纸、杂志； | |
| 4. 饲料、化肥、农药、农机、农膜； | 4. 饲料、化肥、农药、农机、农膜； | |
| 5. 国务院规定的其他货物。 | 5. 国务院规定的其他货物。 | |
| (三) 纳税人出口货物，税率为零；但是，国务院另有规定的除外。 | (三) 纳税人出口货物，税率为零；但是，国务院另有规定的除外。 | |
| (四) 纳税人提供加工、修理修配劳务（以下简称应税劳务），税率为17%。 | (四) 纳税人提供加工、修理修配劳务（以下称应税劳务），税率为17%。 | |
| 税率的调整，由国务院决定。 | 税率的调整，由国务院决定。 | |
| 第三条　纳税人兼营不同税率的货物或者应税劳务，应当分别核算不同税率货物或者应税劳务的销售额。未分别核算销售额的，从高适用税率。 | 第三条　纳税人兼营不同税率的货物或者应税劳务，应当分别核算不同税率货物或者应税劳务的销售额；未分别核算销售额的，从高适用税率。 | |
| 第四条　除本条例第十三条规定外，纳税人销售货物或者提供应税劳务（以下简称销售货物或者应税劳务），应纳税额为当期销项税额抵扣当期进项税额后的余额。应纳税额计算公式： | 第四条　除本条例第十一条规定外，纳税人销售货物或者提供应税劳务（以下简称销售货物或者应税劳务），应纳税额为当期销项税额抵扣当期进项税额后的余额。应纳税额计算公式： | |
| 应纳税额 = 当期销项税额 - 当期进项税额 | 应纳税额 = 当期销项税额 - 当期进项税额 | |
| 因当期销项税额小于当期进项税额不足抵扣时，其不足部分可以结转下期继续抵扣。 | 当期销项税额小于当期进项税额不足抵扣时，其不足部分可以结转下期继续抵扣。 | |

续表

| 旧条例 | 新条例 | 变化要点 |
| --- | --- | --- |
| 第五条　纳税人销售货物或者应税劳务，按照销售额和本条例第二条规定的税率计算并向购买方收取的增值税额，为销项税额。销项税额计算公式： | 第五条　纳税人销售货物或者应税劳务，按照销售额和本条例第二条规定的税率计算并向购买方收取的增值税额，为销项税额。销项税额计算公式： | |
| 销项税额＝销售额×税率 | 销项税额＝销售额×税率 | |
| 第六条　销售额为纳税人销售货物或者应税劳务向购买方收取的全部价款和价外费用，但是不包括收取的销项税额。 | 第六条　销售额为纳税人销售货物或者应税劳务向购买方收取的全部价款和价外费用，但是不包括收取的销项税额。 | |
| 销售额以人民币计算。纳税人以外汇结算销售额的，应当按外汇市场价格折合成人民币计算。 | 销售额以人民币计算。纳税人以人民币以外的货币结算销售额的，应当折合成人民币计算。 | 对“外汇”未加限制，同时对折算汇率未作规定，待明确的地方。 |
| 第七条　纳税人销售货物或者应税劳务的价格明显偏低并无正当理由的，由主管税务机关核定其销售额。 | 第七条　纳税人销售货物或者应税劳务的价格明显偏低并无正当理由的，由主管税务机关核定其销售额。 | |
| 第八条　纳税人购进货物或者接受应税劳务（以下简称购进货物或者应税劳务），所支付或者负担的增值税额为进项税额。 | 第八条　纳税人购进货物或者接受应税劳务（以下简称购进货物或者应税劳务）支付或者负担的增值税额，为进项税额。 | |
| 准予从销项税额中抵扣的进项税额，除本条第三款规定情形外，限于下列增值税扣税凭证上注明的增值税额： | 下列进项税额准予从销项税额中抵扣： | |
| （一）从销售方取得的增值税专用发票上注明的增值税额； | （一）从销售方取得的增值税专用发票上注明的增值税额。 | |

续表

| 旧条例 | 新条例 | 变化要点 |
| --- | --- | --- |
| （二）从海关取得的完税凭证上注明的增值税额。 | （二）从海关取得的海关进口增值税专用缴款书上注明的增值税额。 | 将“海关完税凭证”指定为“海关进口增值税专用缴款书”。 |
| 购进免税农业产品准予抵扣的进项税额，按照买价和10%的扣除率计算。进项税额计算公式： | （三）购进农产品，除取得增值税专用发票或者海关进口增值税专用缴款书外，按照农产品收购发票或者销售发票上注明的农产品买价和13%的扣除率计算的进项税额。进项税额计算公式： | 国家税务总局《关于增值税若干征收问题的通知》（国税发［1994］122号）规定：对一般纳税人购进农业产品取得的普通发票，可以按普通发票上注明的价款计算进项税额。财政部、国家税务总局《关于提高农产品进项税抵扣率的通知》（财税［2002］12号）规定：经国务院批准，自2002年1月1日起，增值税一般纳税人购进农业生产者销售的免税农产品的进项税额扣除率由10%提高到13%。财政部、国家税务总局《关于增值税一般纳税人向小规模纳税人购进农产品进项税抵扣率的通知》（财税［2002］105号）规定：增值税一般纳税人向小规模纳税人购买农产品，可按财税［2002］12号的规定依13%的抵扣率抵扣进项税额。此次条例修改增加了此项内容。 |
| 进项税额＝买价×扣除率 | 进项税额＝买价×扣除率 | |

续表

| 旧条例 | 新条例 | 变化要点 |
| --- | --- | --- |
| | (四)购进或者销售货物以及在生产经营过程中支付运输费用的，按照运输费用结算单据上注明的运输费用金额和7%的扣除率计算的进项税额。进项税额计算公式： | 《中华人民共和国增值税暂行条例实施细则》细则第十二条规定，运输费用可抵扣进项税。此次上调为条例内容。《财政部、国家税务总局关于调整增值税运输费用扣除率的通知》(财税［1998］114号)规定，经国务院批准，从1998年7月1日起，将增值税一般纳税人购进或销售应税货物支付的运输费用的扣除率由10%降低为7%。 |
| | 进项税额 = 运输费用金额 × 扣除率 | |
| | 准予抵扣的项目和扣除率的调整，由国务院决定。 | 准予抵扣的项目和扣除率的调整，由国务院决定。 |
| 第九条　纳税人购进货物或者应税劳务，未按照规定取得并保存增值税扣税凭证，或者增值税扣税凭证上未按照规定注明增值税额及其他有关事项的，其进项税额不得从销项税额中抵扣。 | 第九条　纳税人购进货物或者应税劳务，取得的增值税扣税凭证不符合法律、行政法规或者国务院税务主管部门有关规定的，其进项税额不得从销项税额中抵扣。 | 将不允许抵扣增值税的条件限定为：不符合……。 |
| 第十条　下列项目的进项税额不得从销项税额中抵扣： | 第十条　下列项目的进项税额不得从销项税额中抵扣： | |

续表

| 旧条例 | 新条例 | 变化要点 |
|---|---|---|
| （一）购进固定资产； | | 在不得从销项税额抵扣的进项税额项目中，删除了“固定资产”，这意味着自2009年起凡购置固定资产取得增值税发票即可予以抵扣销项税额。需要注意的是属于营业税应税项目的不动产不能抵扣销项税，因为无法取得增值税进项发票。 |
| （二）用于非应税项目的购进货物或者应税劳务； | （一）用于非增值税应税项目、免征增值税项目、集体福利或者个人消费的购进货物或者应税劳务； | 将旧条例的三项合并。 |
| （三）用于免税项目的购进货物或者应税劳务； | | |
| （四）用于集体福利或者个人消费的购进货物或者应税劳务； | | |
| （五）非正常损失的购进货物； | （二）非正常损失的购进货物及相关的应税劳务； | 增加了“相关的应税劳务”，是指与购进货物相关的应税劳务，如运输费、加工修理费等。 |
| （六）非正常损失的在产品、产成品所耗用的购进货物或者应税劳务。 | （三）非正常损失的在产品、产成品所耗用的购进货物或者应税劳务； | |
| | （四）国务院财政、税务主管部门规定的纳税人自用消费品； | 为预防出现税收漏洞，将与企业技术更新无关，且容易混为个人消费的应征消费税的小汽车、摩托车和游艇排除在上述设备范围之外。 |

续表

| 旧条例 | 新条例 | 变化要点 |
| --- | --- | --- |
| | （五）本条第（一）项至第（四）项规定的货物的运输费用和销售免税货物的运输费用。 | 原则上，不允许抵扣进项税的项目，其包含的运输费用也不得抵扣。 |
| 第十一条　小规模纳税人销售货物或者应税劳务，实行简易办法计算应纳税额。 | 第十一条　小规模纳税人销售货物或者应税劳务，实行按照销售额和征收率计算应纳税额的简易办法，并不得抵扣进项税额。应纳税额计算公式： | 将旧条例第十一条与第十三条合并。 |
| | 应纳税额＝销售额×征收率 | |
| 小规模纳税人的标准由财政部规定。 | 小规模纳税人的标准由国务院财政、税务主管部门规定。 | |
| 第十二条　小规模纳税人销售货物或者应税劳务的征收率为6%。 | 第十二条　小规模纳税人增值税征收率为3%。 | 新条例将小规模纳税人增值税征收率由原先的6%变更为3%，因实际征管中难以明确划分工业和商业小规模纳税人，所以不再区分。此项规定，为小规模纳税人带来了实质性利好，特别是制造业税率降低一半。 |
| 征收率的调整由国务院决定。 | 征收率的调整，由国务院决定。 | |
| 第十三条　小规模纳税人销售货物或者应税劳务，按照销售额和本条例第十二条规定的征收率计算应纳税额，不得抵扣进项税额。应纳税额计算公式： | 第十三条　小规模纳税人以外的纳税人应当向主管税务机关申请资格认定。具体认定办法由国务院税务主管部门制定。 | 此项内容，在之前已出现在相应的税收文件中，这次上升为条例。如：《国家税务总局关于加强新办商贸企业增值税征收管理有关问题的紧急通知》（国税发明电［2004］37号）。 |

续表

| 旧条例 | 新条例 | 变化要点 |
| --- | --- | --- |
| 应纳税额＝销售额×征收率 | | |
| 销售额比照本条例第六条、第七条的规定确定。 | | |
| 第十四条　小规模纳税人会计核算健全，能够提供准确税务资料的，经主管税务机关批准，可以不视为小规模纳税人，依照本条例有关规定计算应纳税额。 | 小规模纳税人会计核算健全，能够提供准确税务资料的，可以向主管税务机关申请资格认定，不作为小规模纳税人，依照本条例有关规定计算应纳税额。 | |
| 第十五条　纳税人进口货物，按照组成计税价格和本条例第二条规定的税率计算应纳税额，不得抵扣任何税额。组成计税价格和应纳税额计算公式： | 第十四条　纳税人进口货物，按照组成计税价格和本条例第二条规定的税率计算应纳税额。组成计税价格和应纳税额计算公式： | |
| 组成计税价格＝关税完税价格＋关税＋消费税 | 组成计税价格＝关税完税价格＋关税＋消费税 | |
| 应纳税额＝组成计税价格×税率 | 应纳税额＝组成计税价格×税率 | |
| 第十六条　下列项目免征增值税： | 第十五条　下列项目免征增值税： | |
| (一) 农业生产者销售的自产农业产品； | (一) 农业生产者销售的自产农产品； | |
| (二) 避孕药品和用具； | (二) 避孕药品和用具； | |
| (三) 古旧图书； | (三) 古旧图书； | |
| (四) 直接用于科学研究、科学试验和教学的进口仪器、设备； | (四) 直接用于科学研究、科学试验和教学的进口仪器、设备； | |

续表

| 旧条例 | 新条例 | 变化要点 |
| --- | --- | --- |
| （五）外国政府、国际组织无偿援助的进口物资和设备； | （五）外国政府、国际组织无偿援助的进口物资和设备； | |
| （六）来料加工、来件装配和补偿贸易所需进口的设备； | | 新条例删除了这项规定。 |
| （七）由残疾人组织直接进口供残疾人专用的物品； | （六）由残疾人的组织直接进口供残疾人专用的物品； | |
| （八）销售的自己使用过的物品。 | （七）销售的自己使用过的物品。 | |
| 除前款规定外，增值税的免税、减税项目由国务院规定。任何地区、部门均不得规定免税、减税项目。 | 除前款规定外，增值税的免税、减税项目由国务院规定。任何地区、部门均不得规定免税、减税项目。 | |
| 第十七条　纳税人兼营免税、减税项目的，应当单独核算免税、减税项目的销售额；未单独核算销售额的，不得免税、减税。 | 第十六条　纳税人兼营免税、减税项目的，应当分别核算免税、减税项目的销售额；未分别核算销售额的，不得免税、减税。 | |
| 第十八条　纳税人销售额未达到财政部规定的增值税起征点的，免征增值税。 | 第十七条　纳税人销售额未达到国务院财政、税务主管部门规定的增值税起征点的，免征增值税；达到起征点的，依照本条例规定全额计算缴纳增值税。 | 规定起征点的部门有变化。 |
| | 第十八条　中华人民共和国境外的单位或者个人在境内提供应税劳务，在境内未设有经营机构的，以其境内代理人为扣缴义务人；在境内没有代理人的，以购买方为扣缴义务人。 | 本条规定表明了增值税的纳税地点为交易地点。此规定是将旧《中华人民共和国增值税暂行条例实施细则》（财法字［1993］38号）中的第三十四条规定上升为条例。 |

续表

| 旧条例 | 新条例 | 变化要点 |
| --- | --- | --- |
| 第十九条　增值税纳税义务发生时间： | 第十九条　增值税纳税义务发生时间： | |
| (一) 销售货物或者应税劳务，为收讫销售款或者取得索取销售款凭据的当天。 | (一) 销售货物或者应税劳务，为收讫销售款项或者取得索取销售款项凭据的当天；先开具发票的，为开具发票的当天。 | 增加了“先开具发票的，为开具发票的当天”的规定。 |
| (二) 进口货物，为报关进口的当天。 | (二) 进口货物，为报关进口的当天。 | |
| | 增值税扣缴义务发生时间为纳税人增值税纳税义务发生的当天。 | 增加了扣缴义务人纳税发生时间。 |
| 第二十条　增值税由税务机关征收，进口货物的增值税由海关代征。 | 第二十条　增值税由税务机关征收，进口货物的增值税由海关代征。 | |
| 个人携带或者邮寄进境自用物品的增值税，连同关税一并计征。具体办法由国务院关税税则委员会会同有关部门制定。 | 个人携带或者邮寄进境自用物品的增值税，连同关税一并计征。具体办法由国务院关税税则委员会会同有关部门制定。 | |
| 第二十一条　纳税人销售货物或者应税劳务，应当向购买方开具增值税专用发票，并在增值税专用发票上分别注明销售额和销项税额。 | 第二十一条　纳税人销售货物或者应税劳务，应当向索取增值税专用发票的购买方开具增值税专用发票，并在增值税专用发票上分别注明销售额和销项税额。 | 增加了“索取”一词，取消了原来符合专用发票条件一律开具专用发票的限制。意味着，发票开具方可能根据现实情况选择普通发票代替增值税专用发票。 |

续表

| 旧条例 | 新条例 | 变化要点 |
| --- | --- | --- |
| 属于下列情形之一，需要开具发票的，应当开具普通发票，不得开具增值税专用发票： | 属于下列情形之一的，不得开具增值税专用发票： | 删除“需要开具发票”一句。<br>表明新条例规定，所有销售行为，一律开具发票。但“视同销售”是否开发票需进一步规定。 |
| (一) 向消费者销售货物或者应税劳务的； | (一) 向消费者个人销售货物或者应税劳务的； | |
| (二) 销售免税货物的； | (二) 销售货物或者应税劳务适用免税规定的； | |
| (三) 小规模纳税人销售货物或者应税劳务的。 | (三) 小规模纳税人销售货物或者应税劳务的。 | |
| 第二十二条　增值税纳税地点： | 第二十二条　增值税纳税地点： | |
| (一) 固定业户应当向其机构所在地主管税务机关申报纳税。总机构和分支机构不在同一县（市）的，应当分别向各自所在地主管税务机关申报纳税；经国家税务总局或其授权的税务机关批准，可以由总机构汇总向总机构所在地主管税务机关申报纳税。 | (一) 固定业户应当向其机构所在地的主管税务机关申报纳税。总机构和分支机构不在同一县（市）的，应当分别向各自所在地的主管税务机关申报纳税；经国务院财政。税务主管部门或者其授权的财政、税务机关批准，可以由总机构汇总向总机构所在地的主管税务机关申报纳税。 | 汇总纳税的审批权有变化。 |

续表

| 旧条例 | 新条例 | 变化要点 |
| --- | --- | --- |
| （二）固定业户到外县（市）销售货物的，应当向其机构所在地主管税务机关申请开具外出经营活动税收管理证明，向其机构所在地主管税务机关申报纳税。未持有其机构所在地主管税务机关核发的外出经营活动税收管理证明，到外县（市）销售货物或者应税劳务的，应当向销售地主管税务机关申报纳税；未向销售地主管税务机关申报纳税的，由其机构所在地主管税务机关补征税款。 | （二）固定业户到外县（市）销售货物或者应税劳务，应当向其机构所在地的主管税务机关申请开具外出经营活动税收管理证明，并向其机构所在地的主管税务机关申报纳税；未开具证明的，应当向销售地或者劳务发生地的主管税务机关申报纳税；未向销售地或者劳务发生地的主管税务机关申报纳税的，由其机构所在地的主管税务机关补征税款。 | 增加了固定业户到外县（市）进行“应税劳务”。 |
| （三）非固定业户销售货物或者应税劳务，应当向销售地主管税务机关申报纳税。 | （三）非固定业户销售货物或者应税劳务，应当向销售地或者劳务发生地的主管税务机关申报纳税；未向销售地或者劳务发生地的主管税务机关申报纳税的，由其机构所在地或者居住地的主管税务机关补征税款。 | 由旧条例内容与旧条例实施细则第三十五条组成。 |
| （四）进口货物，应当由进口人或其代理人向报关地海关申报纳税。 | （四）进口货物，应当向报关地海关申报纳税。 | 取消了申报主体的限定。 |
|  | 扣缴义务人应当向其机构所在地或者居住地的主管税务机关申报缴纳其扣缴的税款。 | 规定了扣缴义务人的纳税地。 |

续表

| 旧条例 | 新条例 | 变化要点 |
| --- | --- | --- |
| 第二十三条　增值税的纳税期限分别为一日、三日、五日、十日、十五日或者一个月。纳税人的具体纳税期限，由主管税务机关根据纳税人应纳税额的大小分别核定；不能按照固定期限纳税的，可以按次纳税。 | 第二十三条　增值税的纳税期限分别为1日、3日、5日、10日、15日、一个月或者一个季度。纳税人的具体纳税期限，由主管税务机关根据纳税人应纳税额的大小分别核定；不能按照固定期限纳税的，可以按次纳税。 | 纳税期限增加了“一个季度”的规定。 |
| 纳税人以一个月为一期纳税的，自期满之日起十日内申报纳税；以一日、三日、五日、十日或者十五日为一期纳税的，自期满之日起五日内预缴税款，于次月一日起十日内申报纳税并结清上月应纳税款。 | 纳税人以1个月或者1个季度为1个纳税期的，自期满之日起15日内申报纳税；以1日、3日、5日、10日或者15日为1个纳税期的，自期满之日起5日内预缴税款，于次月1日起15日内申报纳税并结清上月应纳税款。 | 申报纳税期由10日延长至15日，与所得税保持一致。 |
|  | 扣缴义务人解缴税款的期限，依照前两款规定执行。 | 增加了扣缴义务人解缴税款的时间。 |
| 第二十四条　纳税人进口货物，应当自海关填发税款缴纳证的次日起七日内缴纳税款。 | 第二十四条　纳税人进口货物，应当自海关填发海关进口增值税专用缴款书之日起15日内缴纳税款。 | 进口货物的纳税时间，由7日调至15日。 |
| 第二十五条　纳税人出口适用税率为零的货物，向海关办理出口手续后，凭出口报关单等有关凭证，可以按月向税务机关申报办理该项出口货物的退税。具体办法由国家税务总局规定。 | 第二十五条　纳税人出口货物适用退（免）税规定的，应当向海关办理出口手续，凭出口报关单等有关凭证，在规定的出口退（免）税申报期内按月向主管税务机关申报办理该项出口货物的退（免）税。具体办法由国务院财政、税务主管部门制定。 | 将“纳税人出口适用税率为零的货物”修改为“纳税人出口货物适用退（免）税规定的……”。<br>表明“零税率”的提法不存在了。 |

续表

| 旧条例 | 新条例 | 变化要点 |
| --- | --- | --- |
| 出口货物办理退税后发生退货或者退关的，纳税人应当依法补缴已退的税款。 | 出口货物办理退税后发生退货或者退关的，纳税人应当依法补缴已退的税款。 | |
| 第二十六条　增值税的征收管理，依照《中华人民共和国税收征收管理法》及本条例有关规定执行。 | 第二十六条　增值税的征收管理，依照《中华人民共和国税收征收管理法》及本条例有关规定执行。 | |
| 第二十七条　对外商投资企业和外国企业征收增值税，按照全国人民代表大会常务委员会的有关决定执行。 | | 内外资统一标准。 |
| 第二十八条　本条例由财政部负责解释，实施细则由财政部制定。 | | |
| 第二十九条　本条例自1994年1月1日起施行。1984年9月18日国务院发布的《中华人民共和国增值税条例（草案)》、《中华人民共和国产品税条例（草案)》同时废止。 | 第二十七条　本条例自2009年1月1日起施行。 | |

# 附录三

## 《中华人民共和国增值税暂行条例实施细则》新旧对照表

| 旧条例实施细则 | 新条例实施细则 | 新旧条文变化对比 |
|---|---|---|
| 财法字［1993］38号 | 财政部、国家税务总局令2008年第50号 | |
| 第一条　根据《中华人民共和国增值税暂行条例》（以下简称条例）第二十八条的规定，制定本细则。 | 第一条　根据《中华人民共和国增值税暂行条例》（以下简称条例），制定本细则。 | |
| 第二条　条例第一条所称货物，是指有形动产，包括电力、热力、气体在内。<br>条例第一条所称加工，是指受托加工货物，即委托方提供原料及主要材料，受托方按照委托方的要求制造货物并收取加工费的业务。<br>条例第一条所称修理修配，是指受托对损伤和丧失功能的货物进行修复，使其恢复原状和功能的业务。 | 第二条　条例第一条所称货物，是指有形动产，包括电力、热力、气体在内。<br>条例第一条所称加工，是指受托加工货物，即委托方提供原料及主要材料，受托方按照委托方的要求制造货物并收取加工费的业务。<br>条例第一条所称修理修配，是指受托对损伤和丧失功能的货物进行修复，使其恢复原状和功能的业务。 | |
| 第三条　条例第一条所称销售货物，是指有偿转让货物的所有权。<br>条例第一条所称提供加工、修理修配劳务，是指有偿提供加工、修理修配劳务。但单位或个体经营者聘用的员工为本单位或雇主提供加工、修理修配劳务，不包括在内。<br>本细则所称有偿，包括从购买方取得货币、货物或其他经济利益。 | 第三条　条例第一条所称销售货物，是指有偿转让货物的所有权。<br>条例第一条所称提供加工、修理修配劳务（以下称应税劳务），是指有偿提供加工、修理修配劳务。单位或者个体工商户聘用的员工为本单位或者雇主提供加工、修理修配劳务，不包括在内。<br>本细则所称有偿，是指从购买方取得货币、货物或者其他经济利益。 | 新细则将旧法中“个体经营者”表述为“个体工商户”。 |

续表

| 旧条例实施细则 | 新条例实施细则 | 新旧条文变化对比 |
|---|---|---|
| 第四条　单位或个体经营者的下列行为，视同销售货物：<br>（一）将货物交付他人代销；<br>（二）销售代销货物；<br>（三）设有两个以上机构并实行统一核算的纳税人，将货物从一个机构移送其他机构用于销售，但相关机构设在同一县（市）的或经税务机关批准实行汇总纳税的除外；<br>（四）将自产或委托加工的货物用于非应税项目；<br>（五）将自产、委托加工或购买的货物作为投资，提供给其他单位或个体经营者；<br>（六）将自产、委托加工或购买的货物分配给股东或投资者；<br>（七）将自产、委托加工的货物用于集体福利或个人消费；<br>（八）将自产、委托加工或购买的货物无偿赠送他人。 | 第四条　单位或者个体工商户的下列行为，视同销售货物：<br>（一）将货物交付其他单位或者个人代销；<br>（二）销售代销货物；<br>（三）设有两个以上机构并实行统一核算的纳税人，将货物从一个机构移送其他机构用于销售，但相关机构设在同一县（市）的除外；<br>（四）将自产或者委托加工的货物用于非增值税应税项目；<br>（五）将自产、委托加工的货物用于集体福利或者个人消费；<br>（六）将自产、委托加工或者购进的货物作为投资，提供给其他单位或者个体工商户；<br>（七）将自产、委托加工或者购买的货物分配给股东或者投资者；<br>（八）将自产、委托加工或者购进的货物无偿赠送其他单位或者个人。 | 为了保持增值税发票的传递，新细则第四条第三项规定设有两个以上机构并实行统一核算的纳税人，将货物从一个机构移送其他机构用于销售，但相关机构设在同一县（市）的除外。为了明确“用于销售”的概念，将国税发［1998］137号文件的解释纳入细则。<br>旧细则第四条第四项“非应税项目”的表述在新法中改为“非增值税应税项目”，此变化是为了区别营业税中的非应税项目，更加严密。 |

续表

| 旧条例实施细则 | 新条例实施细则 | 新旧条文变化对比 |
| --- | --- | --- |
| 第五条　一项销售行为如果既涉及货物又涉及非应税劳务，为混合销售行为。从事货物的生产、批发或零售的企业、企业性单位及个体经营者的混合销售行为，视为销售货物，应当征收增值税；其他单位和个人的混合销售行为，视为销售非应税劳务，不征收增值税。<br>纳税人的销售行为是否属于混合销售行为，由国家税务总局所属征收机关确定。<br>本条第一款所称非应税劳务，是指属于应缴营业税的交通运输业、建筑业、金融保险业、邮电通信业、文化体育业、娱乐业、服务业税目征收范围的劳务。<br>本条第一款所称从事货物的生产、批发或零售的企业、企业性单位及个体经营者，包括以从事货物的生产、批发或零售为主，并兼营非应税劳务的企业、企业性单位及个体经营者在内。 | 第五条　一项销售行为如果既涉及货物又涉及非增值税应税劳务，为混合销售行为。除本细则第六条的规定外，从事货物的生产、批发或者零售的企业、企业性单位和个体工商户的混合销售行为，视为销售货物，应当缴纳增值税；其他单位和个人的混合销售行为，视为销售非增值税应税劳务，不缴纳增值税。<br>本条第一款所称非增值税应税劳务，是指属于应缴营业税的交通运输业、建筑业、金融保险业、邮电通信业、文化体育业、娱乐业、服务业税目征收范围的劳务。<br>本条第一款所称从事货物的生产、批发或零售的企业、企业性单位及个体工商户，包括以从事货物的生产、批发或者零售为主，并兼营非增值税应税劳务的单位和个体工商户在内。 | 取消“混合销售行为由国家税务总局征收机关确定”的政策。<br>对混合销售行为，根据新细则第二十八的规定，由纳税人自行判断。 |

续表

| 旧条例实施细则 | 新条例实施细则 | 新旧条文变化对比 |
| --- | --- | --- |
| | 第六条　纳税人的下列混合销售行为，应当分别核算货物的销售额和非增值税应税劳务的营业额，并根据其销售货物的销售额计算缴纳增值税，非增值税应税劳务的营业额不缴纳增值税；未分别核算的，由主管税务机关核定其货物的销售额：<br>（一）销售自产货物并同时提供建筑业劳务的行为；<br>（二）财政部、国家税务总局规定的其他情形。 | 本条是《增值税暂行条例实施细则》的新规定，是对建筑业混合销售的特殊规定。<br>将国税发［2002］117号文件的规定纳入了《增值税暂行条例实施细则》，并且不再规定自产货物的范围。<br>建筑业混合销售行为较为常见，与其他行业的混合销售行为相比，具有一定特殊性，需要特殊处理。现行政策规定，销售自产货物同时提供应税劳务的纳税人如果具有建筑业资质，并将合同价款分别列明，就可以分别征收增值税和营业税。为解决建筑业重复征收两税问题，将建筑业混合销售行为划分界限，分别征收。 |

续表

| 旧条例实施细则 | 新条例实施细则 | 新旧条文变化对比 |
| --- | --- | --- |
| 第六条　纳税人兼营非应税劳务的，应分别核算货物或应税劳务和非应税劳务的销售额。不分别核算或者不能准确核算的，其非应税劳务应与货物或应税劳务一并征收增值税。<br>纳税人兼营的非应税劳务是否应当一并征收增值税，由国家税务总局所属征收机关确定。 | 第七条　纳税人兼营非增值税应税项目的，应分别核算货物或者应税劳务和非增值税应税项目的营业额。未分别核算的，由主管税务机关核定货物或者应税劳务的销售额。 | 取消“纳税人兼营非应税劳务应分别核算销售额，不分别核算或不能准确核算的，应一并征收增值税。并由国家税务局确定”。<br>在执行中，对于此种情形，国家税务局很难单方面处理，往往出现增值税和营业税重复征收的情况，有损税法权威。<br>为此，取消了上述规定，改为不分别核算时，由主管国家税务局、地方税务局核定销售额。 |
| 第七条　条例第一条所称在中华人民共和国境内（以下简称境内）销售货物，是指所销售的货物的起运地或所在地在境内。<br>条例第一条所称在境内销售应税劳务，是指所销售的应税劳务发生在境内。 | 第八条　条例第一条所称在中华人民共和国境内（以下简称境内）销售货物或者提供加工、修理修配劳务，是指：<br>（一）销售货物的起运地或者所在地在境内；<br>（二）提供的应税劳务发生在境内。 | 新细则对“销售货物或者提供加工、修理修配劳务”的文字表述得更加明确。 |
| 第八条　条例第一条所称单位，是指国有企业、集体企业、私有企业、股份制企业、其他企业和行政单位、事业单位、军事单位、社会团体及其他单位。<br>条例第一条所称个人，是指个体经营者及其他个人。 | 第九条　条例第一条所称单位，是指企业、行政单位、事业单位、军事单位、社会团体及其他单位。<br>条例第一条所称个人，是指个体工商户和其他个人。 | 文字表述进行了修改。新细则由笼统的“企业”一词代替了旧细则的具体列举。<br>从我国相关法律规定，“单位”一般包括企业、机关单位与社会团体法人。 |

续表

| 旧条例实施细则 | 新条例实施细则 | 新旧条文变化对比 |
| --- | --- | --- |
| 第九条　企业租赁或承包给他人经营的，以承租人或承包人为纳税人。 | 第十条　单位租赁或者承包给其他单位或者个人经营的，以承租人或者承包人为纳税人。 | |
| 第十条　纳税人销售不同税率货物或应税劳务，并兼营应属一并征收增值税的非应税劳务的，其非应税劳务应从高适用税率。 | 删除。 | 合并到第七条，由主管税务机关核定其销售额。 |
| 第十一条　小规模纳税人以外的纳税人（以下简称一般纳税人）因销货退回或折让而退还给购买方的增值税额，应从发生销货退回或折让当期的销项税额中扣减；因进货退出或折让而收回的增值税额，应从发生进货退出或折让当期的进项税额中扣减。 | 第十一条　小规模纳税人以外的纳税人（以下简称一般纳税人）因销售货物退回或者折让而退还给购买方的增值税额，应从发生销售货物退回或者折让当期的销项税额中扣减；因购进货物退出或者折让而收回的增值税额，应从发生购进货物退出或者折让当期的进项税额中扣减。<br>一般纳税人销售货物或者应税劳务，开具增值税专用发票后，发生销售货物退回或者折让、开票有误等情形，应按国家税务总局的规定开具红字增值税专用发票。未按规定开具红字增值税专用发票的，增值税额不得从销项税额中扣减。 | 现行政策规定，对于纳税人开具增值税专用发票后发生销售货物退回或者折让、开票有误等情形的，需要开具红字专用发票。为加强专用发票管理，需要在细则中加以明确。 |

续表

| 旧条例实施细则 | 新条例实施细则 | 新旧条文变化对比 |
| --- | --- | --- |
| 第十二条　条例第六条所称价外费用，是指价外向购买方收取的手续费、补贴、基金、集资费、返还利润、奖励费、违约金（延期付款利息）、包装费、包装物租金、储备费、优质费、运输装卸费、代收款项、代垫款项及其他各种性质的价外收费。但下列项目不包括在内：<br>（一）向购买方收取的销项税额；<br>（二）受托加工应征消费税的消费品所代收代缴的消费税；<br>（三）同时符合以下条件的代垫运费：<br>1. 承运部门的运费发票开具给购货方的；<br>2. 纳税人将该项发票转交给购货方的。<br>凡价外费用，无论其会计制度如何核算，均应并入销售额计算应纳税额。 | 第十二条　条例第六条第一款所称价外费用，包括价外向购买方收取的手续费、补贴、基金、集资费、返还利润、奖励费、违约金、滞纳金、延期付款利息、赔偿金、代收款项、代垫款项、包装费、包装物租金、储备费、优质费、运输装卸费以及其他各种性质的价外收费。但下列项目不包括在内：<br>（一）受托加工应征消费税的消费品所代收代缴的消费税；<br>（二）同时符合以下条件的代垫运费：<br>1. 承运部门的运输费用发票开具给购买方的；<br>2. 纳税人将该项发票转交给购货方的。<br>（三）同时符合以下条件代为收取的政府性基金或者行政事业性收费：<br>1. 由国务院或者财政部批准设立的政府性基金，由国务院或者省级人民政府及其财政、价格主管部门批准设立的行政事业性收费；<br>2. 收取时开具省级以上财政部门印制的财政票据；<br>3. 所收款项全额上缴财政。<br>（四）销售货物的同时代办保险等而向购买方收取的保险费，以及向购买方收取的代购买方缴纳的车辆购置税、车辆牌照费。 | 将价外费用的内容进行了进一步明确，“延期付款利息”从“违约金”中分离出来，增加了“滞纳金”和“赔偿金”。<br>增值税的计税依据包括销售额和价外费用，在条例第七条已明确价外费用不包括向购买方收取的销项税额。为简化表述，删除了原细则“向购买方收取的销项税额”的表述。<br>根据现行政策增列了“代有关行政管理部门收取的费用”和“代办保险费、车辆购置税、车辆牌照费”不属价外费用的规定。 |

续表

| 旧条例实施细则 | 新条例实施细则 | 新旧条文变化对比 |
| --- | --- | --- |
| 第十三条　混合销售行为和兼营的非应税劳务，依照本细则第五条、第六条规定应当征收增值税的，其销售额分别为货物与非应税劳务的销售额的合计、货物或者应税劳务与非应税劳务的销售额的合计。 | 第十三条　混合销售行为依照本细则第五条规定应当缴纳增值税的，其销售额为货物的销售额与非增值税应税劳务营业额的合计。 | 《实施细则》第7条。 |
| 第十四条　一般纳税人销售货物或者应税劳务采用销售额和销项税额合并定价方法的，按下列公式计算销售额：<br>销售额＝含税销售额÷（1＋税率） | 第十四条　一般纳税人销售货物或者应税劳务，采用销售额和销项税额合并定价方法的，按下列公式计算销售额：<br>销售额＝含税销售额÷（1＋税率） | |
| 第十五条　根据条例第六条的规定，纳税人按外汇结算销售额的，其销售额的人民币折合率可以选择销售额发生的当天或当月1日的国家外汇牌价（原则上为中间价）。纳税人应在事先确定采用何种折合率，确定后一年内不得变更。 | 第十五条　纳税人按人民币以外的货币结算销售额的，其销售额的人民币折合率可以选择销售额发生的当天或者当月1日的人民币汇率中间价。纳税人应在事先确定采用何种折合率，确定后1年内不得变更。 | 表述更明确，明确了折算汇率为“中间价”，修正了原细则“原则上为中间价”的模糊说法。 |

续表

| 旧条例实施细则 | 新条例实施细则 | 新旧条文变化对比 |
| --- | --- | --- |
| 第十六条　纳税人有条例第七条所称价格明显偏低并无正当理由或者有本细则第四条所列视同销售货物行为而无销售额者，按下列顺序确定销售额：<br>（一）按纳税人当月同类货物的平均销售价格确定；<br>（二）按纳税人最近时期同类货物的平均销售价格确定；<br>（三）按组成计税价格确定。组成计税价格的公式为：<br>组成计税价格 = 成本 ×（1 + 成本利润率）<br>属于应征消费税的货物，其组成计税价格中应加计消费税额。<br>公式中的成本是指：销售自产货物的为实际生产成本，销售外购货物的为实际采购成本。公式中的成本利润率由国家税务总局确定。 | 第十六条　纳税人有条例第七条所称价格明显偏低并无正当理由或者有本细则第四条所列视同销售货物行为而无销售额者，按下列顺序确定销售额：<br>（一）按纳税人最近时期同类货物的平均销售价格确定；<br>（二）按其他纳税人最近时期同类货物的平均销售价格确定；<br>（三）按组成计税价格确定。组成计税价格的公式为：<br>组成计税价格 = 成本 ×（1 + 成本利润率）<br>属于应征消费税的货物，其组成计税价格中应加计消费税额。<br>公式中的成本是指：销售自产货物的为实际生产成本，销售外购货物的为实际采购成本。公式中的成本利润率由国家税务总局确定。 | |

续表

| 旧条例实施细则 | 新条例实施细则 | 新旧条文变化对比 |
|---|---|---|
| 第十七条　条例第八条第三款所称买价，包括纳税人购进免税农产品支付给农业生产者的价款和按规定代收代缴的农业特产税。<br>前款所称价款，是指经主管税务机关批准使用的收购凭证上注明的价款。 | 第十七条　条例第八条第二款第（三）项所称买价，包括纳税人购进农产品在农产品收购发票或者销售发票上注明的价款和按规定缴纳的烟叶税。 | 原细则对农产品买价按支付的价款和代收代缴的农业特产税计算。<br>货物买价取消了“农业特产税”，增加了“烟叶税”以适应税法的要求。<br>目前，国家已停征了农业特产税，另行开征了烟叶税，而且烟叶税是由收购者自行缴纳的。为此，根据实际情况修改了确定农产品买价的规定。 |
| | 第十八条　条例第八条第二款第（四）项所称运输费用金额，是指运输费用结算单据上注明的运输费用（包括铁路临管线及铁路专线运输费用）、建设基金，不包括装卸费、保险费等其他杂费。 | 修订后的条例增加了有关运输费用计算进项税额抵扣的内容，因此将现行有关准予抵扣的运输费用的规定写入细则。 |
| | 第十九条　条例第九条所称增值税扣税凭证，是指增值税专用发票、海关进口增值税专用缴款书、农产品收购发票和农产品销售发票以及运输费用结算单据。 | 新增了扣税凭证的种类。<br>修订后的条例增加了“增值税扣税凭证”的表述，为理解准确，在细则中对此进行了明确。 |

续表

| 旧条例实施细则 | 新条例实施细则 | 新旧条文变化对比 |
| --- | --- | --- |
| 第十八条　混合销售行为和兼营的非应税劳务，依照本细则第五条、第六条的规定应当征收增值税的，该混合销售行为所涉及的非应税劳务和兼营的非应税劳务所用购进货物的进项税额，符合条例第八条规定的，准予从销项税额中抵扣。 | 第二十条　混合销售行为依照本细则第五条规定应当缴纳增值税的，该混合销售行为所涉及的非增值税应税劳务所用购进货物的进项税额，符合条例第八条规定的，准予从销项税额中抵扣。 | 既然出于公平和配比的原则，既然混合销售的非应税劳务缴纳了增值税，其进项也应当允许抵扣。 |
| 第十九条　条例第十条所称固定资产是指：<br>（一）使用期限超过一年的机器、机械、运输工具以及其他与生产、经营有关的设备、工具、器具；<br>（二）单位价值在 2 000 元以上，并且使用年限超过两年的不属于生产、经营主要设备的物品。 | 第二十一条　条例第十条第（一）项所称购进货物，不包括既用于增值税应税项目（不含免征增值税项目）也用于非增值税应税项目、免征增值税（以下简称免税）项目、集体福利或者个人消费的固定资产。<br>前款所称固定资产，是指使用期限超过 12 个月的机器、机械、运输工具以及其他与生产经营有关的设备、工具、器具等。 | 机器、机械、运输工具等固定资产与流动资产不同，其用途存在多样性，经常混用于生产应税和免税货物，无法按照销售额划分不得抵扣的进项税额。结合东北和中部地区转型试点的经验，必须特殊规定，只有专门用于非应税项目、免税项目等的固定资产进项税额才不得抵扣，其他混用的固定资产均可抵扣。 |
| | 第二十二条　条例第十条第（一）项所称个人消费包括纳税人的交际应酬消费。 | 纳税人购进用于交际应酬的货物，国际通行做法是不得抵扣的。因此，在解释个人消费的内涵时，新增规定凡是用于交际应酬的货物，不得抵扣进项税额。 |

续表

| 旧条例实施细则 | 新条例实施细则 | 新旧条文变化对比 |
| --- | --- | --- |
| 第二十条　条例第十条所称非应税项目，是指提供非应税劳务、转让无形资产、销售不动产和固定资产在建工程等。<br>纳税人新建、改建、扩建、修缮、装饰建筑物，无论会计制度规定如何核算，均属于前款所称固定资产在建工程。 | 第二十三条　条例第十条第（一）项和本细则所称非增值税应税项目，是指提供非增值税应税劳务、转让无形资产、销售不动产和不动产在建工程。<br>前款所称不动产是指不能移动或者移动后会引起性质、形状改变的财产，包括建筑物、构筑物和其他土地附着物。<br>纳税人新建、改建、扩建、修缮、装饰不动产，均属于不动产在建工程。 | 对“不动产”作了定义。<br>实行消费型增值税后，购进货物或者劳务用于机器设备类固定资产的在建工程已经允许抵扣，只有用于不动产在建工程的才不允许抵扣，因此将原细则“固定资产在建工程”改为“不动产在建工程”，并对不动产的概念进行了解释。 |
| 第二十一条　条例第十条所称非正常损失，是指生产、经营过程中正常损耗外的损失，包括：<br>（一）自然灾害损失；<br>（二）因管理不善造成货物被盗窃、发生霉烂变质等损失；<br>（三）其他非正常损失。 | 第二十四条　条例第十条第（二）项所称非正常损失，是指因管理不善造成被盗、丢失、霉烂变质的损失。 | 原细则规定非正常损失的进项税额不得抵扣，包括自然灾害损失。但从当前社会认知度来看，自然灾害损失的进项税额不得抵扣有些不近情理。同时，原细则规定的“其他非正常损失”范围不够明确，难以准确把握，争议较大。<br>为此，新细则仅规定非正常损失是只因管理不善造成货物被盗窃、发生霉烂变质等损失。 |

续表

| 旧条例实施细则 | 新条例实施细则 | 新旧条文变化对比 |
|---|---|---|
| | 第二十五条　纳税人自用的应征消费税的摩托车、汽车、游艇，其进项税额不得从销项税额中抵扣。 | 应征消费税的游艇、汽车、摩托车属于奢侈消费品，个人拥有的上述物品容易混入生产经营用品计算抵扣进项税额。为堵塞漏洞，借鉴国际惯例，规定凡纳税人自己使用的上述物品不得抵扣进项税额，但如果是外购后销售的，属于普通货物，仍可以抵扣进项税额。 |
| 第二十二条　已抵扣进项税额的购进货物或应税劳务发生条例第十条第（二）至（六）项所列情况的，应将该项购进货物或应税劳务的进项税额从当期发生的进项税额中扣减。无法准确确定该项进项税额的，按当期实际成本计算应扣。<br>第二十三条　纳税人兼营免税项目或非应税项目（不包括固定资产在建工程）而无法准确划分不得抵扣的进项税额的，按下列公式计算不得抵扣的进项税额：<br>不得抵扣的进项税额＝当月全部进项税额×当月免税项目销售额、非应税项目营业额合计/当月全部销售额、营业额合计减的进项税额。 | 第二十六条　一般纳税人兼营免税项目或者非增值税应税劳务而无法划分不得抵扣的进项税额的，按下列公式计算不得抵扣的进项税额：<br>不得抵扣的进项税额＝当月无法划分的全部进项税额×当月免税项目销售额、非增值税应税劳务营业额合计÷当月全部销售额、营业额合计。<br>第二十七条　已抵扣进项税额的购进货物或者应税劳务，发生条例第十条所列情形的（免税项目、非应税劳务除外），应将该项购进货物或者应税劳务的进项税额从当期发生的进项税额中扣减。无法确定该项进项税额的，按当期实际成本计算应扣减的进项税额。 | 旧细则，只要存在无法划分进项税额的，就要对全部进项税额按照销售收入进行计算，显然不合适。因此财税［2005］165号文件对原细则做了改进。新细则第二十六条基本上采纳了165号文件的公式，公式不同道理相同。 |

续表

| 旧条例实施细则 | 新条例实施细则 | 新旧条文变化对比 |
| --- | --- | --- |
| 第二十四条　条例第十一条所称小规模纳税人的标准规定如下：<br>（一）从事货物生产或提供应税劳务的纳税人，以及以从事货物生产或提供应税劳务为主，并兼营货物批发或零售的纳税人，年应征增值税销售额（以下简称应税销售额）在100万元以下的；<br>（二）从事货物批发或零售的纳税人，年应税销售额在180万元以下的。<br>年应税销售额超过小规模纳税人标准的个人、非企业性单位、不经常发生应税行为的企业，视同小规模纳税人纳税。 | 第二十八条　条例第十一条所称小规模纳税人的标准为：<br>（一）从事货物生产或者提供应税劳务的纳税人，以及以从事货物生产或者提供应税劳务为主，并兼营货物批发或者零售的纳税人，年应征增值税销售额（以下简称应税销售额）在50万元以下（含本数，下同）的；<br>（二）除本条第一款第（一）项规定以外的纳税人，年应税销售额在80万元以下的。<br>本条第一款所称以从事货物生产或者提供应税劳务为主，是指纳税人的年货物生产或者提供应税劳务的销售额占年应税销售额的比重在50%以上。 | 现行小规模纳税人标准是1994年时制定的，已不适应实际情况需要。根据经济发展水平和增值税管理能力，降低小规模纳税人标准到50万元和80万元，同时将现行有关规定在细则中表述。<br>对混合销售行为，提出了判断标准。 |
|  | 第二十九条　年应税销售额超过小规模纳税人标准的其他个人、非企业性单位、不经常发生应税行为的企业，可选择按小规模纳税人纳税。 | 允许规定的企业，可以自己选择是否办理一般纳税人。 |

续表

| 旧条例实施细则 | 新条例实施细则 | 新旧条文变化对比 |
| --- | --- | --- |
| 第二十五条　小规模纳税人的销售额不包括其应纳税额。<br>小规模纳税人销售货物或应税劳务采用销售额和应纳税额合并定价方法的，按下列公式计算销售额：<br>销售额＝含税销售额／（1＋征收率） | 第三十条　小规模纳税人的销售额不包括其应纳税额。<br>小规模纳税人销售货物或者应税劳务采用销售额和应纳税额合并定价方法的，按下列公式计算销售额：<br>销售额＝含税销售额÷（1＋征收率） | |
| 第二十六条　小规模纳税人因销货退回或折让退还给购买方的销售额，应从发生销货退回或折让当期的销售额中扣减。 | 第三十一条　小规模纳税人因销售货物退回或者折让退还给购买方的销售额，应从发生销售货物退回或者折让当期的销售额中扣减。 | |
| 第二十七条　条例第十四条所称会计核算健全，是指能按会计制度和税务机关的要求准确核算销项税额、进项税额和应纳税额。 | 第三十二条　条例第十三条和本细则所称会计核算健全，是指能够按照国家统一的会计制度规定设置账簿，根据合法、有效凭证核算。 | 对“会计核算健全”作了新的定义。取代老定义，是因为会计核算属于财政部的管理范围，税务机关不能越权进行管理。 |
| 第二十八条　个体经营者符合条例第十四条所定条件的，经国家税务总局直属分局批准，可以认定为一般纳税人。 | 删除。 | 第二十九条　已规定。 |
| 第二十九条　小规模纳税人一经认定为一般纳税人后，不得再转为小规模纳税人。 | 第三十三条　除国家税务总局另有规定外，纳税人一经认定为一般纳税人后，不得转为小规模纳税人。 | 加了“兜底”的例外条款。因为目前已有这样的规定存在。 |

续表

| 旧条例实施细则 | 新条例实施细则 | 新旧条文变化对比 |
| --- | --- | --- |
| 第三十条　一般纳税人有下列情形之一者，应按销售额依照增值税税率计算应纳税额，不得抵扣进项税额，也不得使用增值税专用发票：<br>（一）会计核算不健全，或者不能够提供准确税务数据的；<br>（二）符合一般纳税人条件，但不申请办理一般纳税人认定手续的。 | 第三十四条　有下列情形之一者，应按销售额依照增值税税率计算应纳税额，不得抵扣进项税额，也不得使用增值税专用发票：<br>（一）一般纳税人会计核算不健全，或者不能够提供准确税务资料的；<br>（二）除本细则第二十九条规定外，纳税人销售额超过小规模纳税人标准，未申请办理一般纳税人认定手续的。 | 新细则强调“销售额超过小规模纳税人标准”要申请办理一般纳税人资格。这种表述比原细则“符合一般纳税人条件”对企业的限制性更强。 |
| 第三十一条　条例第十六条所列部分免税项目的范围，限定如下：<br>（一）第一款第（一）项所称农业，是指种植业、养殖业、林业、牧业、水产业。<br>农业生产者，包括从事农业生产的单位和个人。<br>农产品，是指初级农产品，具体范围由国家税务总局直属分局确定。<br>（二）第一款第（三）项所称古旧图书，是指向社会收购的古书和旧书。<br>（三）第一款第（八）项所称物品，是指游艇、摩托车、应征消费税的汽车以外的货物。<br>自己使用过的物品，是指本细则第八条所称其他个人自己使用过的物品。 | 第三十五条　条例第十五条规定的部分免税项目的范围，限定如下：<br>（一）第一款第（一）项所称农业，是指种植业、养殖业、林业、牧业、水产业。<br>农业生产者，包括从事农业生产的单位和个人。<br>农产品，是指初级农产品，具体范围由财政部、国家税务总局确定。<br>（二）第一款第（三）项所称古旧图书，是指向社会收购的古书和旧书。<br>（三）第一款第（七）项所称自己使用过的物品，是指其他个人自己使用过的物品。 | 原细则规定对于自然人销售自己使用过的游艇、摩托车和应征消费税的汽车征收增值税，其他物品免征增值税。考虑到对自然人征税不易操作，因此取消了上述征税规定，全部给予免税。<br>另外，初级农产品具体范围的确定单位发生变化。 |

续表

| 旧条例实施细则 | 新条例实施细则 | 新旧条文变化对比 |
| --- | --- | --- |
|  | 第三十六条　纳税人销售货物或者应税劳务适用免税规定的，可以放弃免税，依照条例的规定缴纳增值税。放弃免税后，36个月内不得再申请免税。 | 现行政策规定，纳税人销售货物或者应税劳务适用免税规定的，可以放弃免税，依照条例的规定缴纳增值税。放弃免税后，36个月内不得申请免税。为规范执法，将现行规定的内容纳入细则。 |
| 第三十二条　条例第十八条所称增值税起征点的适用范围只限于个人。<br>增值税起征点的幅度规定如下：<br>（一）销售货物的起征点为月销售额600～2000元。<br>（二）销售应税劳务的起征点为月销售额200～800元。<br>（三）按次纳税的起征点为每次（日）销售额50～80元。<br>前款所称销售额，是指本细则第二十五条第一款所称小规模纳税人的销售额。<br>国家税务总局直属分局应在规定的幅度内，根据实际情况确定本地区适用的起征点，并报国家税务总局备案。 | 第三十七条　增值税起征点的适用范围限于个人。<br>增值税起征点的幅度规定如下：<br>（一）销售货物的，为月销售额2000～5000元。<br>（二）销售应税劳务的，为月销售额1500～3000元。<br>（三）按次纳税的，为每次（日）销售额150～200元。<br>前款所称销售额，是指本细则第三十条第一款所称小规模纳税人的销售额。<br>省、自治区、直辖市财政厅（局）和国家税务局应在规定的幅度内，根据实际情况确定本地区适用的起征点，并报财政部、国家税务总局备案。 | 增值税起征点适用于个体工商户，关系面广，涉及群体主要是小型经营者。结合当前经济形势，并考虑征管需要，可以适当提高起征点幅度标准，以照顾民生，增加居民收入。为此，根据统计的城乡最低生活保障标准等因素，确定了新的起征点幅度。 |

续表

| 旧条例实施细则 | 新条例实施细则 | 新旧条文变化对比 |
| --- | --- | --- |
| 第三十三条　条例第十九条第（一）项规定的销售货物或者应税劳务的纳税义务发生时间，按销售结算方式的不同，具体为：<br>（一）采取直接收款方式销售货物，不论货物是否发出，均为收到销售额或取得索取销售额的凭据，并将提货单交给买方的当天；<br>（二）采取托收承付和委托银行收款方式销售货物，为发出货物并办妥托收手续的当天；<br>（三）采取赊销和分期收款方式销售货物，为按合同约定的收款日期的当天；<br>（四）采取预收货款方式销售货物，为货物发出的当天；<br>（五）委托其他纳税人代销货物，为收到代销单位销售的代销清单的当天；<br>（六）销售应税劳务，为提供劳务同时收讫销售额或取得索取销售额的凭据的当天；<br>（七）纳税人发生本细则第四条第（三）项至第（八）项所列视同销售货物行为，为货物移送的当天。 | 第三十八条　条例第十九条第一款第（一）项规定的收讫销售款项或者取得索取销售款项凭据的当天，按销售结算方式的不同，具体为：<br>（一）采取直接收款方式销售货物，不论货物是否发出，均为收到销售款或者取得索取销售款凭据的当天；<br>（二）采取托收承付和委托银行收款方式销售货物，为发出货物并办妥托收手续的当天；<br>（三）采取赊销和分期收款方式销售货物，为书面合同约定的收款日期的当天，无书面合同的，为货物发出的当天；<br>（四）采取预收货款方式销售货物，为货物发出的当天，但生产销售生产工期超过 12 个月的大型机械设备、船舶、飞机等货物，为收到预收款或者书面合同约定的收款日期的当天；<br>（五）委托其他纳税人代销货物，为收到代销单位的代销清单或者收到全部或者部分货款的当天。未收到代销清单及货款的，为发出代销货物满 180 天的当天。<br>（六）销售应税劳务，为提供劳务同时收讫销售款或者取得索取销售款的凭据的当天；<br>（七）纳税人发生本细则第四条第（三）项至第（八）项所列视同销售货物行为，为货物移送的当天。 | 对于纳税义务发生时间的确认问题，总的原则是结合财务会计制度，方便准确地确认收入。<br>1. 目前很多交易已经不使用提货单，取得索取销售额凭证即可确认销售实现。因此删除了“并将提货单交给买方”的内容。<br>2. 赊销是信用销售的俗称，是指卖方与买方签订购货协议后，卖方让买方取走货物，而买方按照协议在规定日期付款或分期付款形式付清货款的过程。分期收款销售是指商品已经交付，但货款分期收回的一种销售方式，是赊销的一种形式。修订后的会计准则和会计制度将分期收款作为企业的融资行为，按照合同或协议价款的公允价值在货物发出时确定销售收入。原则上，纳税义务发生时间应与会计规定保持一致，但考虑到企业一次性支付税金会负担较重，因此，赊销和分期收款销售货物的纳税义务发生时间仍规定为合同约定收款日期。但对于没有合同的，无法确认约定收款日期的，按会计法规的规定，在货物发出是确认纳税义务发生时间。 |

续表

| 旧条例实施细则 | 新条例实施细则 | 新旧条文变化对比 |
| --- | --- | --- |
| | | 3. 纳税人生产工期超过十二个月的大型机械设备、船舶、飞机等货物，大多采取预收货款销售货物的方式。在实际执行中，上述行为通常比照建筑安装业以完工进度确认收入并确定纳税义务发生时间，但缺乏依据。因此，为保证税款均衡入库，对于上述行为明确比照分期收款方式来确认纳税义务发生时间。<br>4. 对于代销行为，按现行规定进一步明确了有关纳税义务发生时间。 |
| 第三十四条　境外的单位或个人在境内销售应税劳务而在境内未设有经营机构的，其应纳税款以代理人为扣缴义务人；没有代理人的，以购买者为扣缴义务人。 | 删除。 | 上升到条例第十八条。 |
| 第三十五条　非固定业户到外县（市）销售货物或者应税劳务未向销售地主管税务机关申报纳税的，由其机构所在地或者居住地主管税务机关补征税款。 | 删除。 | 上升到条例第二十二条（三）。 |

续表

| 旧条例实施细则 | 新条例实施细则 | 新旧条文变化对比 |
| --- | --- | --- |
| | 第三十九条　条例第二十三条以1个季度为纳税期限的规定仅适用于小规模纳税人。小规模纳税人的具体纳税期限，由主管税务机关根据其应纳税额的大小分别核定。 | 修订后的增值税条例将纳税期限延长到1个季度。但为保证税款及时入库，明确对于一般纳税人不适用以一个季度为纳税期限的规定。至于小规模纳税人的具体纳税期限，则由主管税务机关根据其应纳税额的大小分别核定。 |
| 第三十六条　条例第二十条所称税务机关，是指国家税务总局及其所属征收机关。<br>条例和本细则所称主管税务机关、征收机关，均指国家税务总局所属支局以上税务机关。 | 删除。 | |
| 第三十七条　本细则所称“以上”、“以下”，均含本数或本级。 | 删除。 | |
| 第三十八条　本细则由财政部解释或者由国家税务总局解释。 | 删除。 | |
| 第三十九条　本细则从条例施行之日起实施。1984年9月28日财政部颁发的《中华人民共和国增值税条例（草案）实施细则》、《中华人民共和国产品税条例（草案）实施细则》同时废止。 | 第四十条　本细则自2009年1月1日起施行。 | |

# 附录四

## 财政部、国家税务总局关于全国实施增值税转型改革若干问题的通知

财税［2008］170号

各省、自治区、直辖市、计划单列市财政厅（局）、国家税务局，新疆生产建设兵团财务局：

为推进增值税制度完善，促进国民经济平稳较快发展，国务院决定，自2009年1月1日起，在全国实施增值税转型改革。为保证改革实施到位，现将有关问题通知如下：

一、自2009年1月1日起，增值税一般纳税人（以下简称纳税人）购进（包括接受捐赠、实物投资，下同）或者自制（包括改扩建、安装，下同）固定资产发生的进项税额（以下简称固定资产进项税额），可根据《中华人民共和国增值税暂行条例》（国务院令第538号，以下简称条例）和《中华人民共和国增值税暂行条例实施细则》（财政部、国家税务总局令第50号，以下简称细则）的有关规定，凭增值税专用发票、海关进口增值税专用缴款书和运输费用结算单据（以下简称增值税扣税凭证）从销项税额中抵扣，其进项税额应当记入"应交税金——应交增值税（进项税额）"科目。

二、纳税人允许抵扣的固定资产进项税额，是指纳税人2009年1月1日以后（含1月1日，下同）实际发生，并取得2009年1月1日以后开具的增值税扣税凭证上注明的或者依据增值税扣税凭证计算的增值税税额。

三、东北老工业基地、中部六省老工业基地城市、内蒙古自治区东部地区已纳入扩大增值税抵扣范围试点的纳税人，2009年1月1日以后发生的固定资产进项税额，不再采取退税方式，其2008年12月31日以前（含12月31日，下同）发生的待抵扣固定资产进项税额期末余额，应于2009年1月份一次性转入“应交税金——应交增值税（进项税额）”科目。

四、自2009年1月1日起，纳税人销售自己使用过的固定资产（以下简称已使用过的固定资产），应区分不同情形征收增值税：

（一）销售自己使用过的2009年1月1日以后购进或者自制的固定资产，按照适用税率征收增值税；

（二）2008年12月31日以前未纳入扩大增值税抵扣范围试点的纳税人，销售自己使用过的2008年12月31日以前购进或者自制的固定资产，按照4%征收率减半征收增值税；

（三）2008年12月31日以前已纳入扩大增值税抵扣范围试点的纳税人，销售自己使用过的在本地区扩大增值税抵扣范围试点以前购进或者自制的固定资产，按照4%征收率减半征收增值税；销售自己使用过的在本地区扩大增值税抵扣范围试点以后购进或者自制的固定资产，按照适用税率征收增值税。

本通知所称已使用过的固定资产，是指纳税人根据财务会计制度已经计提折旧的固定资产。

五、纳税人已抵扣进项税额的固定资产发生条例第十条（一）至（三）项所列情形的，应在当月按下列公式计算不得抵扣的进项税额：

不得抵扣的进项税额＝固定资产净值×适用税率

本通知所称固定资产净值，是指纳税人按照财务会计制度计提折旧后计算的固定资产净值。

六、纳税人发生细则第四条规定固定资产视同销售行为，对已使用过的固定资产无法确定销售额的，以固定资产净值为销售额。

七、自2009年1月1日起，进口设备增值税免税政策和外商投资企业采购国产设备增值税退税政策停止执行。具体办法，财政部、国家税务总局另行发文明确。

八、本通知自2009年1月1日起执行。《财政部、国家税务总局关于印发〈东北地区扩大增值税抵扣范围若干问题的规定〉的通知》（财税［2004］156号）、《财政部、国家税务总局关于印发〈2004年东北地区扩大增值税抵扣范围暂行办法〉的通知》（财税［2004］168号）、《财政部、国家税务总局关于进一步落实东北地区扩大增值税抵扣范围政策的紧急通知》（财税［2004］226

号)、《财政部、国家税务总局关于东北地区军品和高新技术产品生产企业实施扩大增值税抵扣范围有关问题的通知》(财税［2004］227号)、《国家税务总局关于开展扩大增值税抵扣范围企业认定工作的通知》(国税函［2004］143号)、《财政部、国家税务总局关于2005年东北地区扩大增值税抵扣范围有关问题的通知》(财税［2005］28号)、《财政部、国家税务总局关于2005年东北地区扩大增值税抵扣范围固定资产进项税额退税问题的通知》(财税［2005］176号)、《财政部、国家税务总局关于东北地区军品和高新技术产品生产企业实施扩大增值税抵扣范围有关问题的通知》(财税［2006］15号)、《财政部、国家税务总局关于2006年东北地区固定资产进项税额退税问题的通知》(财税［2006］156号)、《财政部、国家税务总局关于印发〈中部地区扩大增值税抵扣范围暂行办法〉的通知》(财税［2007］75号)、《财政部、国家税务总局关于扩大增值税抵扣范围地区2007年固定资产抵扣(退税)有关问题的补充通知》(财税［2007］128号)、《国家税务总局关于印发〈扩大增值税抵扣范围暂行管理办法〉的通知》(国税发［2007］62号)、《财政部、国家税务总局关于印发〈内蒙古东部地区扩大增值税抵扣范围暂行办法〉的通知》(财税［2008］94号)、《财政部、国家税务总局关于印发〈汶川地震受灾严重地区扩大增值税抵扣范围暂行办法〉的通知》(财税［2008］108号)、《财政部、国家税务总局关于2008年东北中部和蒙东地区扩大增值税抵扣范围固定资产进项税额退税问题的通知》(财税［2008］141号)同时废止。

财政部　国家税务总局

2008年12月19日

# 附录五

## 财政部、国家税务总局关于部分货物适用增值税低税率和简易办法征收增值税政策的通知

财税［2009］9号　2009－01－19

各省、自治区、直辖市、计划单列市财政厅（局）、国家税务局，新疆生产建设兵团财务局：

根据《中华人民共和国增值税暂行条例》（国务院令538号，以下简称条例）和《中华人民共和国增值税暂行条例实施细则》（财政部国家税务总局令50号）的规定和国务院的有关精神，为做好相关增值税政策规定的衔接，加强征收管理，现将部分货物适用增值税税率和实行增值税简易征收办法的有关事项明确如下：

一、下列货物继续适用13%的增值税税率：

（一）农产品。

农产品，是指种植业、养殖业、林业、牧业、水产业生产的各种植物、动物的初级产品。具体征税范围暂继续按照《财政部国家税务总局关于印发〈农业产品征税范围注释〉的通知》（财税字［1995］52号）及现行相关规定执行。

（二）音像制品。

音像制品，是指正式出版的录有内容的录音带、录像带、唱片、激光唱盘和激光视盘。

（三）电子出版物。

电子出版物，是指以数字代码方式，使用计算机应用程序，将图文声像等内容信息编辑加工后存储在具有确定的物理形态的磁、光、电等介质上，通过内嵌在计算机、手机、电子阅读设备、电子显示设备、数字音/视频播放设备、

电子游戏机、导航仪以及其他具有类似功能的设备上读取使用，具有交互功能，用以表达思想、普及知识和积累文化的大众传播媒体。载体形态和格式主要包括只读光盘（CD只读光盘CD-ROM、交互式光盘CD-I、照片光盘Photo-CD、高密度只读光盘DVD-ROM、蓝光只读光盘HD-DVD ROM和BD ROM）、一次写入式光盘（一次写入CD光盘CD-R、一次写入高密度光盘DVD-R、一次写入蓝光光盘HD-DVD/R，BD-R）、可擦写光盘（可擦写CD光盘CD-RW、可擦写高密度光盘DVD-RW、可擦写蓝光光盘HDDVD-RW和BD-RW、磁光盘MO）、软磁盘（FD）、硬磁盘（HD）、集成电路卡（CF卡、MD卡、SM卡、MMC卡、RS-MMC卡、MS卡、SD卡、XD卡、T-Flash卡、记忆棒）和各种存储芯片。

（四）二甲醚。

二甲醚，是指化学分子式为$CH_3OCH_3$，常温常压下为具有轻微醚香味，易燃、无毒、无腐蚀性的气体。

二、下列按简易办法征收增值税的优惠政策继续执行，不得抵扣进项税额：

（一）纳税人销售自己使用过的物品，按下列政策执行：

1. 一般纳税人销售自己使用过的属于条例第十条规定不得抵扣且未抵扣进项税额的固定资产，按简易办法依4%征收率减半征收增值税。

一般纳税人销售自己使用过的其他固定资产，按照《财政部 国家税务总局关于全国实施增值税转型改革若干问题的通知》（财税［2008］170号）第四条的规定执行。

一般纳税人销售自己使用过的除固定资产以外的物品，应当按照适用税率征收增值税。

2. 小规模纳税人（除其他个人外，下同）销售自己使用过的固定资产，减按2%征收率征收增值税。

小规模纳税人销售自己使用过的除固定资产以外的物品，应按3%的征收率征收增值税。

（二）纳税人销售旧货，按照简易办法依照4%征收率减半征收增值税。

所称旧货，是指进入二次流通的具有部分使用价值的货物（含旧汽车、旧摩托车和旧游艇），但不包括自己使用过的物品。

（三）一般纳税人销售自产的下列货物，可选择按照简易办法依照6%征收率计算缴纳增值税：

1. 县级及县级以下小型水力发电单位生产的电力。小型水力发电单位，是指各类投资主体建设的装机容量为5万千瓦以下（含5万千瓦）的小型水力发电单位。

2. 建筑用和生产建筑材料所用的砂、土、石料。

3. 以自己采掘的砂、土、石料或其他矿物连续生产的砖、瓦、石灰（不含粘土实心砖、瓦）。

4. 用微生物、微生物代谢产物、动物毒素、人或动物的血液或组织制成的生物制品。

5. 自来水。

6. 商品混凝土（仅限于以水泥为原料生产的水泥混凝土）。

一般纳税人选择简易办法计算缴纳增值税后，36个月内不得变更。

（四）一般纳税人销售货物属于下列情形之一的，暂按简易办法依照4%征收率计算缴纳增值税：

1. 寄售商店代销寄售物品（包括居民个人寄售的物品在内）；

2. 典当业销售死当物品；

3. 经国务院或国务院授权机关批准的免税商店零售的免税品。

三、对属于一般纳税人的自来水公司销售自来水按简易办法依照6%征收率征收增值税，不得抵扣其购进自来水取得增值税扣税凭证上注明的增值税税款。

四、本通知自2009年1月1日起执行。《财政部国家税务总局关于调整农业产品增值税税率和若干项目征免增值税的通知》［财税字（94）004号］、《财政部、国家税务总局关于自来水征收增值税问题的通知》［（94）财税字第014号］、《财政部、国家税务总局关于增值税、营业税若干政策规定的通知》［（94）财税字第026号］第九条和第十条、《国家税务总局关于印发〈增值税问题解答（之一）〉的通知》（国税函发［1995］288号）附件第十条、《国家税务总局关于调整部分按简易办法征收增值税的特定货物销售行为征收率的通知》（国税发［1998］122号）、《国家税务总局关于县以下小水电电力产品增值税征税问题的批复》（国税函［1998］843号）、《国家税务总局关于商品混凝土

实行简易办法征收增值税问题的通知》（国税发［2000］37号)、《财政部、国家税务总局关于旧货和旧机动车增值税政策的通知》（财税［2002］29号)、《国家税务总局关于自来水行业增值税政策问题的通知》（国税发［2002］56号)、《财政部、国家税务总局关于宣传文化增值税和营业税优惠政策的通知》（财税［2006］153号）第一条、《国家税务总局关于明确县以下小型水力发电单位具体标准的批复》（国税函［2006］47号)、《国家税务总局关于商品混凝土征收增值税有关问题的通知》（国税函［2007］599号)、《财政部、国家税务总局关于二甲醚增值税适用税率问题的通知》（财税［2008］72号）同时废止。

财政部　国家税务总局

2009年1月19日

# 后　记

2008年的日子已经全部翻过，但这一年注定会永远留在人们的记忆中。2008年是中国改革开放30周年。这一年，中华神州大荣大悲，有举世瞩目的奥运盛典，也有不堪回首的汶川大地震；这一年，中国经济跌宕起伏，有华夏儿女攀登宇宙之壮举，也有金融危机阻滞经济踯躅不前；这一年，有政府降息减税政策之扶持，也有公平进步税制改革之攻坚。2008年，承载着太多太多的喜悦和忧愁，承载着太多太多的使命和希冀。让我们记住2008年！

2008年是中国税制改革的重要年份，新企业所得税法实施，三大流转税（消费税、营业税、增值税）全面改革，燃油税之争……。随着2008年的结束，这些改革都已尘埃落定。我们坚信，2009年将翻开中国社会进步和经济腾飞新的一页。

伴随着这些起起伏伏的日子，在这些令人难以入眠的深夜，笔者一刻也没有停止自己思考和前进的脚步。尤其是这次增值税转型改革，如何看待国家、企业和个人的利益关系及博弈模式，如何抓住增值税转型的历史性机遇，可以说，本书就是笔者对这些问题思考的结果。

本书由蔡昌担任主编，参与本书写作的有蔡昌、王慧、樊玉洁、刘佳、孙向男。本书编写过程中，得到中央财经大学税务学院博士生导师汤贡亮教授、杨志清书记、刘桓副院长的大力支持和帮助，在此表示衷心的感谢。本书编写过程中，还参阅了国内外专家学者出版的相关著作和教材，在此表示诚挚的谢意！最后，还要感谢中国财政经济出版社会计分社的樊清玉女士，她是本书的责任编辑，她的支持和帮助是不能用言语表达的，在此表示衷心的感谢！

**蔡　昌**

2009年1月于北京

# 编辑寄语

《蔡博士精典财税系列》"新鲜出炉"了。作为本套丛书的策划编辑，在十几年的工作中，别有一番感受，在此愿与您分享。

**一、一种情结——对会计的情结**

记得20世纪80年代高中毕业那年，一位老师得知我考上会计专业，摘掉老花镜不解而又惋惜地对我说："会计还要上大学，会扒拉算盘不就行了。你再重考一年吧！"我就这样带着满腹的疑惑懵懵懂懂走进了大学校园。从混淆"借"和"贷"涵义的困惑，到做平一道会计分录和编制一套报表的喜悦；从对全校最累的专业的抱怨，到毕业分配时会计专业毕业生几乎被"一抢而空"的自豪；从对会计"别别扭扭"的"爱恨"，到大学毕业、继续深造，以至于毕业分配到出版社出版会计图书，跟会计再也分不开了，才发现会计领域的"奥秘"，历史那么悠久，还有浩若星海的名家、名著。

**二、一种感悟——对出版的感悟**

说起出版，也许您跟我毕业前一样，对此行业还不甚了解。以为出书不就是印出来这么简单吗！分配到出版社后，我才知道一本书的出版并不那么简单，策划、编辑、排版、校对、印刷、营销……，需要那么多的环节。记得刚来出版社报到时，老主任的一席话让我着实意外："编辑这个活呀，是'好人'不愿意干，'坏人'干不了。"虽然是"丈二和尚"，但我还是听明白了，就是"有能力的人"不愿意干，"没能力的人"又未必干得好。这些年的编辑实践，让我更加领会了当年老主任看似通俗实乃充满哲理的话。的确，当好一个适应现代社会潮流的新型编辑，不是一蹴而就的，需要不断地经受磨练，更需要不断提升自身综合素质，起码要具备“三心二意”。“三心”即“责任心、细心、耐心”;“二意”即“创新意识、服务意识”。为人作嫁衣辛苦又不容易，但每当新书“出炉”时，闻着墨香，像欣赏自己的孩子，所有的辛苦都化为了欣慰。

三、一种愿望——对会计出版的愿望和努力

多年来，中国财政经济出版社为社会创造了较好的社会效益和经济效益。尽管如此，我们还应该进行更多的市场历练，还要多策划一些有份量的拳头产品，用一个选题推动一个系统工程，用一个系统工程培养一个出版品牌。

以读者为本，应是策划图书的主要出发点。我觉得，把高深的东西写得通俗易懂，才是写作的最高境界。对于财税类的专业图书来说亦是如此。若用生动、有吸引力的形式和写法，尽量避免晦涩，甚至采用图文并茂等方式来表现，就更具有可读性了。关键问题是对作者要求较高，它要求作者既要有精湛的专业技能，又要有妙笔生花的文才，深入浅出，融会贯通。可以说，策划一套丛书不易，策划一套好丛书更为不易。一套丛书要让市场认可必须首先具有价值，这要求策划编辑慧眼识珠，提前识别和挖掘其潜在价值。所以，有时需要策划编辑像电影导演那样敢于和善于做“星探”，善于挖掘和推出有潜力的作者和原创作品。编辑遇到一位好作者是一种幸运，而作者遇到一位好编辑也是一种缘份。

本着这种策划思想，我尝试着策划过几套丛书，虽然还有些许遗憾，但在一定程度上以其形式新颖、内容精湛等，在市场上受到了读者的认可。这次的《蔡博士精典财税系列》是经过精心策划而推出的一套贴近实务的财税精典丛书，并以此献给有志于中国经济繁荣和企业发展的职业经理人。

本套丛书主要涉及财务、会计、税收等领域，挖掘博大精深的财税思想，解析丰厚沉淀的财税实践，构筑新颖典雅的财税模式。本套丛书作为一个系统工程，旨在捕捉财税热点、构筑一个相对完整的财税管理体系，为中国经济发展和财税创新提供借鉴。其特色在于注重实务操作，以案例形式讲解深奥的财税智慧。

丛书策划编辑　樊清玉

2009年2月